NONGYE XIANDAIHUA CUJIN NONGYE JING
FAZHAN DE SHIJIAN YANJIU

农业现代化
促进农业经济发展的
实践研究

孟令云 杨岚 许永丽 ◎著

中国出版集团

中译出版社

图书在版编目（CIP）数据

农业现代化促进农业经济发展的实践研究 / 孟令云，
杨岚，许永丽著. -- 北京 ：中译出版社，2024.8
ISBN 978-7-5001-8061-6

Ⅰ. F320.1；F323

中国国家版本馆CIP数据核字第20242M8Y45号

农业现代化促进农业经济发展的实践研究

NONGYE XIANDAIHUA CUJIN NONGYE JINGJI FAZHAN DE SHIJIAN YANJIU

著　　者：孟令云　杨　岚　许永丽

策划编辑：于　宇

责任编辑：于　宇

文字编辑：田玉肖

营销编辑：马　萱　钟筱童

出版发行：中译出版社

地　　址：北京市西城区新街口外大街28号102号楼4层

电　　话：（010）68002494 （编辑部）

由　　编：100088

电子邮箱：book@ctph.com.cn

网　　址：http://www.ctph.com.cn

印　　刷：北京四海锦诚印刷技术有限公司

经　　销：新华书店

规　　格：710 mm×1000 mm　1/16

印　　张：12.5

字　　数：194千字

版　　次：2025年3月第1版

印　　次：2025年3月第1次印刷

ISBN 978-7-5001-8061-6　　　　定价：68.00元

前　言

在人类文明的长河中，农业始终占据着基础性的地位。随着全球化的加速和科技的飞跃发展，农业正经历着前所未有的变革。农业现代化，作为提升农业生产效率、改善农民生活水平、保障食品安全与质量的关键途径，已成为世界各国关注的焦点。面对资源约束、环境压力、市场需求变化等多重挑战，传统的农业生产方式已难以满足现代社会的需求。因此，探索农业现代化的路径，不仅对于提高农业生产力、增强农业竞争力至关重要，也是实现农业经济可持续发展、构建新型城乡关系的必由之路。

本书旨在全面概述农业的概念、现代化进程、以及农业与经济的紧密联系。从农业经营的预测与决策，到农产品市场的供需关系，再到农业产业的转型与升级，每一章节都深入探讨了农业在经济体系中的独特地位和作用。特别地，在"互联网+"的新时代背景下，农业经济迎来了前所未有的发展机遇。电子商务、服务体系、营销模式的创新，为传统农业注入了新的活力。本书不仅为农业从业者提供了决策参考，也为政策制定者、学者和广大读者提供了一个全面了解现代农业发展的窗口。我们期待通过这本书，能够促进对农业经济重要性的认识，推动农业与经济的和谐发展。

衷心感谢在本书编写过程中给予指导、帮助和支持的所有人。本书的每一点滴成果，都离不开行业内外同仁的无私分享与交流。对于书中可能出现的疏漏与不足，我们预先致以诚挚的歉意，并欢迎各方指正，以便我们在学习与交流中不断成长。

目 录

第一章　农业概述

第一节　农业的概念

一、农业的定义与范畴

农业作为人类社会发展的重要组成部分，不仅是食品生产的基础，也在经济、社会和环境方面扮演着关键角色。从古至今，农业不断演变和进步，通过科技创新和政策支持，为全球粮食安全和经济增长做出了重要贡献。各国通过制定法律和政策来支持农业发展，保障农民权益，促进农产品的稳定供应和市场价格合理化。下面将探讨农业的定义与范畴、社会经济意义、在全球与国家经济中的地位与作用，以及其历史演变和法律政策支持，旨在全面展示农业在现代社会中的复杂性与重要性。

（一）不同学科对农业的定义

农业是人类利用土地、水资源、气候和生物技术进行生产的重要活动，其主要目的在于生产各种农产品，包括粮食、蔬菜、水果、畜禽产品等，这些产品可以供人类直接食用，或者用于工业加工和能源生产。不同学科对农业的定义有所侧重：在生物学领域，农业涉及作物的种植、生长过程以及遗传改良，通过科学方法提高农产品的产量和质量；经济学视角下，农业被视为生产和销售农产品的经济活动，关注如何通过农业生产来实现经济增长和农民收入的提升；而社会学研究则关注农业与社会之间的互动关系，探讨农村社区的结构、农民的生活条件及其对社会经济发展的影响。农业的发展不仅仅是食品生产的基础，也直接影响到社会稳定和经济发展。例如农业技术的进步可以提升农产品的产量和质量，满足不断增长的人口需求；农业活动也与环境保护密切相关，农业的可持续发展成为当代社会关注的重要议题。因此综合各学科对农业的定义和研究，能够更全面地理解农业在人类生活和社会经济中的复杂角色和重要意义。

（二）农业的社会经济意义

农业在社会经济中扮演着不可或缺的角色，其重要性体现在多个方面。农业是食品安全的基石，直接影响着人类的生存和健康。通过生产粮食、蔬菜、水果等农产品，农业满足了全球日益增长的人口需求，保障了社会的食品供应和安全。农业是国民经济稳定增长的关键因素之一。许多国家和地区的经济依赖农业产出和农产品的市场销售，农业活动直接贡献了国内生产总值（GDP）的一部分，促进了经济的发展和增长。农业也为各种工业提供原材料，支持着工业化进程和经济结构的多元化发展。农业不仅仅是经济增长的推动力量，还是减少贫困和促进社会平等的工具。通过提升农产品产量和质量，农民的收入水平得到提升，农村地区的社会经济状况得以改善，从而减少了贫困人口的数量和比例。农业也促进了农村社区的发展，增强了社区的凝聚力和社会稳定性。农业在环境可持续性方面具有重要意义。通过科学管理和可持续农业实践，可以保护土壤质量、水资源和生物多样性，减少农业对环境的负面影响，推动农村地区向更加可持续的发展模式转型。农业不仅仅是食品生产的基础，更是社会经济发展的重要支柱之一，其影响涵盖食品安全、经济增长、社会平等以及环境保护等多个方面，对国家和全球经济体系都具有深远的影响。

（三）农业在全球与国家经济中的地位与作用

农业在全球和国家经济中扮演着至关重要的角色和作用，在全球范围内，农业不仅仅是各国经济的重要组成部分，更是连接国际贸易和市场的重要纽带。许多国家依赖农业生产和农产品出口来维持经济增长和贸易平衡。举例来说，美国作为全球最大的粮食出口国之一，其农业产品如大豆、小麦和玉米等在国际市场上占据重要位置。美国的农产品出口不仅满足了国内市场的需求，还通过出口向全球市场提供了大量粮食和农产品，影响着全球粮食市场的供需平衡和价格波动。在国家经济中，农业的地位和作用也不可忽视。许多发展中国家依赖农业产出来支撑国内经济，农业活动直接或间接地支持着广大农村地区的就业和收入。

农业的发展不仅带动了农村经济的增长，还通过农产品加工和市场销售带动了相关产业链的发展，促进了农村地区的现代化进程和经济结构的多样化。农业作为全球经济的重要组成部分，通过农产品的生产和国际贸易，连接了各国的经济利益和市场需求。在国家层面，农业不仅是食品安全和农民生计的基础，还在促进经济增长、贸易平衡和社会稳定方面发挥着关键作用。因此有效支持和发展农业不仅符合经济利益，也是实现全球粮食安全和可持续发展目标的重要路径之一。

（四）农业的历史与演变

农业的历史和演变是人类文明发展的重要组成部分，早期的人类从狩猎和采集转向了种植和畜牧，最初的农业活动主要集中在为了自给自足而进行的小规模耕作和养殖上。随着时间的推移，人类掌握了更先进的农业技术和方法，如灌溉系统、旋耕机和化肥的使用，这些技术的应用显著提高了农产品的产量和质量。农业革命是农业发展史上的重要里程碑，它发生在18世纪末至19世纪初的欧洲和北美地区。农业革命通过引入新的农业技术和实践，如轮作制度、马铁犁和化学肥料的使用，显著提高了农业生产力。这一时期的技术进步使得农民能够更有效地管理土地和作物，从而在同样的土地面积上生产更多的粮食和农产品。农业革命的影响迅速扩展到全球范围，推动了农村经济的现代化和城市化进程。随着科技的进步和全球化的影响，今天的农业生产方式已经远离了最初的简单耕作模式。现代农业利用先进的种植技术、精确的气象预测和大数据分析来优化农业生产管理，实现了精准农业和可持续发展。基因工程和生物技术的进步也为农作物的遗传改良和抗病性提供了新的途径，进一步推动了农业生产的发展和现代化。农业的历史演变不仅是技术进步和文化交流的体现，也是人类社会发展和进步的重要推动力量。从最初的简单耕作到现代化的精准农业，农业技术的发展不断推动着农产品产量的增加和质量的提高，为全球粮食安全和经济发展做出了重要贡献。

（五）农业的法律与政策支持

各国通过制定针对农业的法律和政策来促进农业的发展，并保护农民的权益，这在全球范围内都是普遍做法。以中国为例，该国实施了多项农业支持政策，以应对农业生产中的各种挑战和促进农村经济的发展。中国实行的土地承包制度是其农业政策的重要组成部分。该制度确立了农民对土地的长期承包权，使农民可以有稳定的土地使用权，促进了土地的有效利用和农业生产的稳定发展。土地承包制度还为农民提供了可贷款抵押的土地经营权，增强了农民的生产积极性和经济收益。中国的农业补贴政策通过向农民提供直接补贴或者购买农产品保护价格来支持农业发展。这些补贴可以帮助农民应对市场波动和自然灾害带来的风险，促进了农产品的稳定供应和价格合理化。中国还通过技术推广、农业保险、农业产业化等多种措施支持农业现代化和农民收入增加。例如积极推广先进的农业技术和管理模式，提高农产品的质量和产量；发展农业产业化，通过农业合作社和农业企业等形式，促进农产品的加工和市场化。中国的农业法律和政策旨在优化农业生产环境，提高农业生产效率，保障农民的基本生活，推动农村经济的可持续发展。

农业不仅是人类生存和健康的基石，更是经济增长、社会稳定和环境可持续性的重要支柱。通过生产粮食、蔬菜、水果等多种农产品，农业满足了全球日益增长的人口需求，支持了许多国家和地区的经济发展。农业的技术进步和政策支持推动了农产品产量和质量的提升，促进了农村经济的现代化和社会结构的多元化发展。未来随着科技的不断发展和全球化的影响，农业将继续扮演着关键角色，为全球粮食安全和可持续发展目标做出新的贡献。

二、农业的主要特征与功能

农业作为人类社会最古老的产业之一，在人类文明发展过程中扮演着至关重要的角色。其独特的特征和功能使其不仅仅是食物生产的基础，同时也深刻影响着社会经济结构、生态环境及人类文化。下面将深入探讨农业生产的主要特征与功能，揭示其在季节性与周期性、地域性与区域差异、劳动密集型与技术密集型、资源依赖性以及生态与环境功能等方面的重要意义和影响。

（一）农业生产的季节性与周期性

农业生产的季节性和周期性是其显著特征之一，直接影响着农业活动的时间安排和效率。农业生产的周期性体现在作物种植、生长和收获的时间安排上。例如在温带地区，春季是关键的播种季节，而秋季则是主要的收获季节。这种时间安排必须精确计划，以充分利用气候条件和作物生长的最佳时机，从而确保作物能够在适宜的生长期内得到充分发展和成熟。农业生产的季节性也显著影响着劳动力的调度和使用，例如在播种和收获季节，需要大量的劳动力投入，以保证及时完成关键的农业活动。这种季节性劳动力需求往往导致农业社区在特定时间集中大量劳动力资源，这些劳动力可能是临时性的或是专门从事农业工作的人员。季节性和周期性对农业技术的应用也有重要影响，农业技术的选择和使用需根据具体的季节性需求进行调整，以提高生产效率和作业质量。例如播种和收获阶段可能需要不同的机械设备和工具，以适应不同的农业操作要求。

（二）农业生产的地域性与区域差异

农业生产的地域性和区域差异在农业经济中起着关键作用。不同地区的自然条件对农作物的种植选择有显著影响。亚热带地区由于温暖湿润的气候，适宜稻米等水稻类作物的生长。而在高原地区，气候寒冷，大部分地区的土壤条件也不太适合常规的农作物种植，更适合马铃薯等高寒作物的种植。这种自然条件的差异性决定了不同地区农业生产的特点和优势。地理位置和区域经济发展水平也对农业生产方式产生深远影响，发达地区通常拥有先进的农业技术和管理模式，投入大量资源用于提高生产效率和产品质量。例如高度机械化的农业生产和精确的灌溉系统可以在技术先进的地区找到。与此相反，落后地区由于经济资源有限，可能依赖传统的耕作方式和劳动密集型的农业生产模式。这种区域经济发展不平衡导致了农业生产效率和产品质量的差异化，从而在全球农业市场上产生了不同的竞争力和市场份额。

（三）农业生产的劳动密集型与技术密集型特征

农业生产的劳动密集型和技术密集型特征在不同阶段呈现出明显的变化，传统农业生产过程中，诸如耕种、播种和收割等环节通常是劳动密集型的。以手工收割小麦为例，这一过程需要大量的人力投入，农民们通常需要在田间进行长时间的劳动才能及时收割庄稼。然而随着科技的进步和现代农业技术的广泛应用，农业生产逐渐向技术密集型转变。现代农业引入了大规模的机械化和自动化技术，如拖拉机、播种机、收割机等设备的使用显著减少了对人力资源的依赖。这些技术不仅提高了生产效率，还提升了作物的品质和产量。例如自动化的灌溉系统能够精确控制水量，确保作物在不同生长阶段都能得到适当的水分供应，这对于提高农产品的质量至关重要。现代农业还借助于信息技术和数据分析，通过精确的农业管理和智能化的决策支持系统来优化种植方案和生产流程。例如利用卫星遥感技术和地理信息系统（GIS），农民可以精确了解土壤状况和作物生长情况，从而调整施肥、种植密度等因素，最大化地提高农作物的产量和质量。

（四）农业对资源的依赖性

农业生产对土地、水和能源等资源的依赖性是其生存和发展的基础，土地作为农业生产的核心，不仅提供了作物生长的空间，还支持了农产品的种植和动物的放牧。农民依赖于土地来种植粮食、蔬菜和其他农作物，从而满足人类对食物的需求。水资源在农业生产中至关重要，尤其是在干旱地区。灌溉系统通过有效地分配和利用水资源，确保农田能够及时得到足够的灌溉水，从而保证作物的正常生长和高产量。水资源还直接影响着农产品的质量和市场竞争力，因此有效的水资源管理对农业生产的可持续性至关重要。能源作为农业生产的另一重要组成部分，主要用于农业机械设备的运行和农产品的运输过程。例如拖拉机、收割机和灌溉设备等机械化工具依赖于能源供应，以提高生产效率和降低劳动成本。农产品的运输和处理也需要能源，包括燃料和电力，以确保农产品能够安全地运输到市场或加工厂。随着全球资源稀缺性的增加和环境压力的加剧，农业生产必须更加高效地利用这些资源。科技进步在这方面起到了重要作用，例如节水灌溉技术、高效能源利用的农业机械和可再生能源的应用，都有助于减少资源消耗和环境影响。通过可持续的资源管理和技术创新，农业生产可以更好地适应未来的挑战，确保农产品的持续生产和供应。

（五）农业的生态与环境功能

农业不仅是食物生产的关键来源，还在生态与环境方面扮演着重要角色。农业土地的合理利用和管理对于维持生态系统的稳定至关重要。采用旋耕、轮作和有机农业等可持续农业实践，有助于减少土壤侵蚀和化学农药对环境的污染。这些做法不仅保护了土壤的肥力和健康，还减少了对水资源的污染，有利于维持水质和水生态系统的健康。农作物的生长过程中吸收二氧化碳，有助于减少大气中的温室气体浓度，对气候变化起到缓解作用。植物通过光合作用将二氧化碳转化为有机物质，同时释放出氧气，这一过程在全球碳循环中具有重要意义。因此农业生产不仅提供粮食和农产品，还通过吸收碳、减少土壤侵蚀等生态功能，为环境保护和可持续发展做出了贡献。农业的生态与环境功能还涉及生物多样性的保护和生态平衡的维持，通过保护和恢复生态系统的多样性，农业生产有助于维持自然生态系统的稳定性，促进土壤微生物的多样性和活跃性，从而提升农田的生产力和可持续利用能力。

农业生产以其季节性和周期性的显著特征为基础，通过精确的时间安排和劳动力调度，确保作物在最适宜的时机得以生长和收获。地域性和区域差异使不同地区在种植选择、技术应用和经济发展上展现出多样化特征，影响着全球农业市场的竞争力和市场份额。农业生产的从劳动密集型向技术密集型的转变，推动了生产效率和农产品质量的提升，同时减少了对资源的依赖。然而农业生产对土地、水和能源等资源的依赖性仍然是其可持续发展的关键挑战之一，科技进步在资源管理和环境保护方面发挥着重要作用。农业不仅仅是食物的生产者，还在生态与环境保护中发挥着重要作用，通过碳吸收、土壤保护和生物多样性维护，为可持续发展贡献力量。

第二节 农业现代化发展进程与农业经济

一、农业现代化的概念与内涵

农业现代化是利用现代科技手段和先进管理方法，提高农业生产效率、产品质量和市场竞争力的重要途径。通过技术化、信息化、市场化和产业化等基本特征，农业现代化促进了农业结构的转型和农产品质量的提升，对农村社会结构和居民生活方式也带来了深远影响。

（一）农业现代化的定义与基本特征

农业现代化是指利用现代科技手段和先进管理方法，提高农业生产效率、产品质量和市场竞争力的进程。其基本特征包括技术化、信息化、市场化和产业化。技术化是农业现代化的核心特征之一，通过引入先进的农业机械设备、精准农业技术以及生物技术，实现种植、养殖和农产品加工过程的自动化和智能化。例如精准农业技术可以根据土壤条件和气候变化调整施肥和灌溉，最大化农作物的产量和质量。信息化在农业现代化中扮演重要角色，通过应用信息技术，农民能够获取天气预报、市场价格、农业政策等实时信息，帮助他们做出更加科学的决策。电子商务平台为农产品的销售提供了新的渠道和方式，促进了农产品市场化和农民收入的提升。市场化是农业现代化的重要体现，通过建立健全的市场体系和供应链管理，农产品能够更快捷、高效地流通到消费者手中，同时农民也能够更直接地参与市场竞争，根据市场需求调整生产结构和种植品种。产业化是农业现代化发展的必然趋势，通过发展农业产业园区、农业合作社等组织形式，加强农业生产要素的整合和利用效率，推动农业从传统的小农经济向现代化、规模化的产业发展转变。

（二）农业现代化的主要目标与原则

农业现代化的主要目标是通过现代科技手段和管理方法，全面提升农业生产的效率和质量，从而推动农业向更高水平发展。提高农业生产效率是农业现代化的核心目标之一，通过引入先进的农业技术和管理手段，如精准农业技术、高效节水灌溉系统等，实现农作物和畜禽的高产高效。促进农产品质量升级是农业现代化的重要目标之一，通过优化种植和养殖环境，加强对农产品的质量监控和管理，确保农产品达到国家和国际标准，提升市场竞争力和消费者信任度。增强农业市场竞争力是农业现代化的必然要求，通过市场导向的方式，调整农业结构，推动农产品生产向市场需求倾斜，提升农产品市场占有率和价格竞争力，使农业成为国民经济的重要支柱。实现农民增收是农业现代化的社会效益之一，通过科技创新和产业发展，提升农民从事农业生产的收入水平，改善农民的生活条件和社会地位，促进农村经济社会全面发展。农业现代化的实施原则包括科技先导，即以科技创新为核心驱动力，推动农业技术的更新和应用；市场导向，即依据市场需求调整农业生产结构和产品布局；生态友好，即在农业发展过程中注重生态环境的保护和可持续利用；社会公平，即确保农业发展惠及广大农民，实现经济效益和社会效益的双赢局面。例如通过推广新型农业技术如精准农业和生态农业，优化土壤健康和生态系统，保护和改善农业生态环境，同时通过政策支持和财政扶持等措施，促进农民收入增长和农村社会经济全面发展。

（三）农业现代化的关键要素与指标

农业现代化的关键要素和核心指标是推动农业向现代化发展的重要保证和评估标准，技术创新是农业现代化的关键要素之一。通过引进和研发先进的农业技术，包括精准农业、遥感技术、基因编辑和生物技术等，提升农业生产效率和质量。技术创新不仅可以降低生产成本，还能够提高农产品的抗病虫害能力和适应环境的能力，从而增强农业的可持续发展性。资金投入也是实现农业现代化的重要支撑，投入资金用于购置现代化农业设备和技术、建设农业基础设施、支持农业科技研发和推广应用等方面。资金的充足投入可以有效解决农业发展中的资金短缺问题，促进农业生产方式的更新和提升。市场需求是农业现代化的内在动力，根据市场需求调整农业生产结构和布局，提高农产品的市场竞争力和销售收益。市场导向的农业生产模式能够使农产品更符合消费者的需求，提升农业经济效益和农民收入水平。政策支持是推动农业现代化的重要保障，政府制定和实施支持农业发展的政策措施，包括财政补贴、税收优惠、科技创新支持、土地政策等，为农业现代化提供政策环境和法律保障。有效的政策支持能够促进农业产业结构调整，推动农业从传统向现代转型。在核心指标方面，农业现代化的评估通常包括农业机械化率、农业科技进步贡献率和农产品质量标准达标率等。农业机械化率反映了农业生产过程中机械化设备的普及程度，直接影响生产效率和劳动力利用效率。农业科技进步贡献率衡量科技创新对农业生产总量和质量改进的贡献程度，是评估农业技术水平和创新能力的重要指标。农产品质量标准达标率则是评估农产品质量和安全性的关键指标，符合国际贸易标准的农产品能够在国际市场上竞争和销售，对提升农产品的市场竞争力至关重要。

（四）农业现代化与农业可持续发展的关系

农业现代化与农业可持续发展之间存在着紧密的关联和互动，二者相辅相成，共同推动农业的长远发展和生态环境的保护。农业现代化通过引入先进的生产技术和管理模式，提升了农业生产效率和资源利用效率。例如精准农业技术可以根据具体的土壤、气候和作物需求精准施肥和灌溉，减少了农药和化肥的使用量，降低了农业生产对水资源和土壤的污染风险，从而实现了资源的高效利用。现代化推动了农业的生态友好转型。采用生态农业模式，例如有机农业和生态农业系统，通过保护生物多样性、改善土壤质量和减少化学农药的使用，促进了农业生态系统的健康和稳定。这种方式不仅有利于农产品的质量提升，还能够减少环境污染和自然资源的耗竭，符合可持续发展的基本要求。农业现代化通过提高农民的收入水平和生活质量，促进了农村社会的稳定和可持续发展。农民通过参与现代化农业生产和农产品市场化销售，实现了经济效益和社会效益的双重增长，提升了农村居民的生活水平和社会福利。

（五）农业现代化对农村社会结构与生活方式的影响

农业现代化对农村社会结构和生活方式带来了显著的变革和提升，农业现代化推动了农业产业结构的升级和优化，引入先进的农业技术和管理模式，如精准农业、现代化农业园区等，提升了农产品的生产效率和质量，同时带动了农业从传统的小农经济向现代化、规模化的转变。这种产业结构升级不仅增加了农民的收入来源，还促进了农村劳动力的转移就业和流动，改善了农村居民的经济状况和生活水平。农业现代化推动了农村社会服务水平的提升，科技进步和信息技术的普及，例如互联网和移动支付等技术工具的应用，极大地改善了农村地区的教育、医疗和其他公共服务水平。农村居民可以通过网络获取信息、接受远程医疗服务和在线教育，减少了信息不对称和服务不平等的问题，提升了农村社会的文明程度和现代化水平。农业现代化促进了农村社会结构的多样化和社会福利的增进，随着农业产业的发展和经济条件的改善，农村居民的生活方式发生了转变，如饮食结构、居住环境和消费习惯等逐渐趋向于城市化。政府和社会组织的介入促进了农村社会福利的提升，例如基本医疗保障、养老服务和文化娱乐设施的建设，使农村居民享受到了更多城市化的便利和福利。

农业现代化的推动使得农业从传统向现代转型迈出了重要步伐，通过引入先进的农业技术和管理模式，提高了农产品的生产效率和质量，促进了农村经济的发展和农民收入的增加。农业现代化还改善了农村社会服务水平，推动了农村社会结构的多样化和生活方式的现代化，为农村地区的可持续发展奠定了坚实基础。

二、农业现代化的发展阶段与路径

农业现代化是全球农业发展的重要趋势之一，通过引入先进技术和科学管理方法，旨在提高农业生产效率、质量和可持续性。不同国家和地区在实现农业现代化过程中展现出显著的多样性和独特性，这些经验和路径选择反映了各自的资源优势、政策支持和社会经济背景。下面将探讨农业现代化的发展阶段与路径、技术进步与创新、政策与制度支持以及面临的障碍与挑战，旨在深入理解不同国家在农业现代化进程中的策略选择及其影响。

（一）农业现代化的发展历程与主要阶段

农业现代化的发展可以分为几个主要阶段，首先是机械化阶段，这一阶段农业生产开始引入机械设备，例如拖拉机、收割机等，大大提高了生产效率。其次是化肥农药化阶段，随着化学农药和化肥的广泛应用，农作物的产量和质量得到显著提升。接着是生物技术阶段，包括基因改良技术的应用，通过选育抗病、高产、适应性强的新品种，进一步提高了农作物的产量和抗性。最近的阶段是信息化与智能化阶段，通过先进的信息技术、大数据分析以及人工智能，优化农业生产的管理与决策，实现精准农业，提高资源利用效率和农产品质量。例如中国在农业现代化的发展中经历了从机械化到信息化的全面转型。从20世纪70年代开始，中国大力推进农机具的普及和应用，提高了农业劳动生产率。随后，化肥农药的广泛使用进一步增加了农产品的产量。近年来，随着信息技术的进步，中国农业开始实施智能化农业方案，例如利用无人机进行农田监测，通过大数据分析优化施肥和灌溉，提高了农业生产的精准度和效率。

（二）不同国家和地区农业现代化的路径比较

不同国家和地区在农业现代化路径上展现出显著的差异，例如发达国家如美国和欧洲国家，在农业现代化中主要依靠技术和资本密集型的方法。它们通过大规模的农业机械化和自动化系统，高度使用化肥、农药和基因改良作物，以达到高产高效的目标。这些国家注重科技创新，大力投入研发新型农业技术，并且通过精准农业技术提高资源利用效率，保护环境。相比之下，发展中国家如中国和印度在农业现代化中更加注重传统农业与现代技术的结合。中国在农业现代化中实施了"三农"政策，即农业、农村和农民政策，通过政府支持和基础设施建设，推广现代农业技术和管理方法，提升农民收入和生活水平。中国还大力发展农业科技，如水稻杂交种的成功应用，显著提高了粮食产量。其他发展中国家如巴西和阿根廷则侧重于大规模农业生产，特别是农产品的出口。这些国家通过大面积的农业用地、机械化生产和现代化管理，提升了农产品的市场竞争力，但也面临着环境保护和土地利用问题。

（三）农业现代化的技术进步与创新路径

农业现代化的技术进步和创新是推动农业高效生产的关键因素，随着科技的进步，农业技术呈现出多样化的创新路径。首先是基因改良技术的应用，通过选择性育种和转基因技术，培育抗病、高产、适应性强的新品种，提高了作物的抗逆性和产量。例如美国的转基因玉米和大豆在提高抗虫性和耐旱性方面取得了显著成效。二是精准农业技术的发展，包括遥感技术、全球定位系统（GPS）、大数据分析和人工智能的应用。这些技术使农业生产变得更加智能化和精准化，帮助农民准确判断作物生长状态、土壤肥力和水分含量，从而优化农业生产管理和资源利用效率。例如荷兰通过自动化温室系统和精准灌溉技术，有效控制了农作物的生长环境，提高了产量和质量。生物技术的创新也推动了农业现代化的进程，如生物农药的应用、土壤修复和有机肥料的研发。这些技术有助于减少化学农药的使用，保护生态环境，同时提高农产品的安全性和市场竞争力。

（四）农业现代化的政策与制度支持

农业现代化的成功与否在很大程度上取决于政策与制度的支持，有效的政策可以为农业现代化提供方向性指导和资源保障，制度支持则确保政策的有效实施和长期稳定性。举例来说，中国的农业现代化得益于政府长期以来对农业的重视和支持。中国实施的"三农"政策，通过投入资金、优化农业结构、改善农村基础设施等手段，推动了农业技术进步和农民收入增加。政府还建立了农业保险制度，减少农业风险，鼓励农民采用新技术和管理模式。这些政策和制度的支持，为中国农业现代化提供了坚实的基础和持续的动力。

（五）农业现代化发展中的障碍与挑战

尽管农业现代化带来了诸多好处，但其发展过程中也面临着一些障碍与挑战。首先是资金投入不足和贫困地区资源匮乏问题。许多发展中国家的农村地区缺乏资金和技术支持，限制了农业现代化的推进。例如非洲部分国家由于资金紧张和基础设施落后，难以实施大规模的农业技术更新和改进。其次是环境保护与农业可持续发展之间的矛盾，传统农业生产方式过度依赖化肥、农药等化学物质，导致土壤质量下降、水资源污染等环境问题日益严重。农业现代化必须在提高生产力的解决资源利用效率和环境保护的平衡问题。农民的教育水平和技能培训也是一个挑战，现代农业需要农民具备更多的科技和管理技能，但许多农村地区的农民教育水平有限，缺乏适应现代化要求的技能培训机会。

（六）农业现代化路径选择与经验教训

在选择农业现代化的路径时，各国可以从已有的经验教训中汲取启示。例如巴西在推动农业现代化过程中，通过强化科研支持、改善农业基础设施和优化农业政策，成功实现了农业产量的显著增长。巴西利用自身丰富的农业资源和广阔的土地，采用了大规模种植和精细化管理的策略，成为全球农产品出口的重要国家之一。另一个例子是荷兰的精准农业模式。荷兰由于土地有限，采用了先进的温室技术和精准灌溉系统，实现了高效的农业生产和资源利用。荷兰的经验表明，技术创新和精准管理是提升农业效率和可持续发展的关键。不同国家在农业现代化路径选择中需根据自身的国情和资源优势，结合有效的政策与制度支持，克服发展中的障碍与挑战，借鉴成功经验和教训，才能实现农业生产效率的提升和农村经济的可持续发展。

农业现代化作为全球农业发展的重要推动力量，不仅仅是技术的革新和管理模式的升级，更是各国在经济、社会和环境可持续性之间进行平衡的关键。通过机械化、化肥农药化、生物技术和信息化智能化等阶段，农业生产效率得到显著提升，但也面临着资金投入不足、环境保护挑战及农民技能培训不足等多重障碍。有效的政策支持和科技创新是推动农业现代化的关键，各国需根据自身国情和资源优势，综合考虑路径选择，借鉴成功经验，共同推动农业可持续发展的目标。

三、农业现代化对农业经济的影响与作用

随着科技的进步和社会的发展，农业现代化已经成为推动农业生产方式和农村经济发展的重要力量。农业现代化不仅令农业生产效率大幅提升，还显著改善了农产品的质量和安全性，对农村居民的生计和经济发展起到了积极作用。下面

将探讨农业现代化对农业经济的多方面影响与作用，从提升生产效率到推动经济结构调整，再到促进社会稳定，全面分析其在农村发展中的重要角色。

（一）农业现代化对农业生产效率的提升

农业现代化通过引入先进技术和管理模式，显著提升了农业生产效率。例如机械化的推广使得耕种、播种和收割等农事活动大幅减少了人力投入，并提高了作业速度和精度。化肥农药的广泛使用有效地控制了病虫害，保障了作物的生长和产量。生物技术的应用则使得农作物能够更好地抵抗病虫害和逆境环境，提高了种植成功率和产量稳定性。信息化与智能化农业通过大数据分析和智能决策系统，优化了农业生产的各个环节，如施肥、灌溉和病虫害监测，从而进一步提升了生产效率和资源利用效率。农业现代化不仅使得农业生产更为高效，也为农民提供了更好的生产和生活条件。

（二）农业现代化对农产品市场供应的影响

农业现代化显著影响了农产品市场供应的稳定性和品质，随着生产效率的提升，农产品的供应量得到了有效保障，并且能够更好地适应市场需求的变化。机械化和化肥农药的广泛使用增加了农产品的产量和质量，使得市场供应量能够满足日益增长的人口需求。生物技术的进步提高了农产品的耐病虫性和适应性，减少了因自然灾害和疫情而造成的供应波动。信息化技术的应用使得生产规模更为精准化和灵活化，能够更快速地响应市场的变化和需求。因此农业现代化不仅增加了农产品的市场供应量，还提高了其质量和安全性，促进了农产品市场的稳定发展。

（三）农业现代化与农产品质量安全的关系

农业现代化直接影响着农产品的质量和安全性，通过科技进步和管理创新，农业现代化大幅提升了农产品的生产标准和质量控制。机械化作业和精准施肥、灌溉系统确保了作物生长过程中的均衡与稳定，减少了农药、化肥的过度使用，有利于农产品的安全生产。生物技术的应用提高了作物的抗病虫性和品质稳定性，减少了农产品中有害物质的含量，从源头上保障了农产品的质量安全。信息技术的普及使得农产品生产过程更为透明化和可追溯，有助于消费者更加信任农产品的品质。因此农业现代化在提高农产品质量和安全性方面发挥了重要作用，为消费者提供了更安全、更优质的食品选择。

（四）农业现代化对农村收入增长的促进作用

农业现代化对农村收入增长起到了重要的促进作用，通过提高生产效率和农产品质量，农民的生产成本降低，产量增加，从而带动了农产品的销售收入增加。机械化和化肥农药的应用使得农民可以在更短的时间内完成更多的农事活动，增加了劳动生产率，提高了农产品的销售额。生物技术的引入和信息化技术的普及使农产品价格能够更为精准地反映市场需求，有利于农民获得更高的销售收入。农业现代化还带动了农村非农产业的发展，如农产品加工和农村旅游业的兴起，为农民提供了多元化的收入来源。因此农业现代化不仅提高了农产品的生产效率和市场竞争力，还直接促进了农村居民的收入增长和经济发展。

（五）农业现代化与农村地区经济结构调整

农业现代化推动了农村地区经济结构的深刻调整，传统上的农村地区以农业为主导产业，但随着农业现代化的推进，农业生产方式和产业结构发生了重大变化。机械化和化肥农药的广泛应用使得农业生产更为集约化和规模化，大量农民从事农业生产的农村也逐渐涌现出了农产品加工、物流运输、农业技术服务等相关产业。生物技术的进步促使农产品品种多样化和高附加值化，为农村经济带来了新的增长点。信息技术的普及使得农村居民更容易获取市场信息和技术支持，促进了农村经济结构向现代化和多元化发展。因此农业现代化不仅提升了农业生产效率，还推动了农村地区经济结构的优化调整，为农村经济的可持续发展奠定了坚实的基础。

（六）农业现代化在减贫与社会稳定中的作用

农业现代化在减贫和社会稳定方面扮演了关键角色，首先通过提升农业生产效率和质量，农业现代化有效增加了农民的收入水平。机械化和化肥农药的广泛应用提高了农产品的产量和品质，使农民能够获得更稳定的经济收益。生物技术的进步增强了作物的抗病虫能力和适应性，减少了自然灾害对农产品产量的影响，进一步巩固了农民的经济基础。信息技术的普及使得农民能够更有效地获取市场信息和技术支持，有助于他们更灵活地应对市场变化和风险，提升了其经济安全感。农业现代化不仅改善了农民的生计，还促进了农村社会的稳定。随着农业收入的增加，农村居民的生活条件明显改善，社会稳定性得到加强。贫困人口数量的减少也进一步提升了整个社会的稳定水平，为社会的可持续发展奠定了坚实的基础。因此农业现代化在提升农民收入、减少贫困、促进社会稳定等方面发挥了重要作用，为构建和谐社会、实现可持续发展做出了积极贡献。

农业现代化的推广不仅加快了农业生产的步伐，提高了农产品的市场供应能力和质量安全水平，还直接促进了农民收入的增长，推动了农村经济结构的调整和优化。通过引入机械化、化肥农药、生物技术和信息技术等先进手段，农业现代化在提升农业生产效率、增强农产品竞争力的有效改善了农民生活条件，促进了农村社会的稳定和经济的可持续发展。随着社会需求和科技进步的不断推进，农业现代化将继续发挥其重要的历史使命，为建设现代化农业和实现农村振兴贡献更大力量。

第三节　农业产业融合概述

一、农业产业融合的概念与意义

农业产业融合作为推动农村经济结构优化升级的重要战略，通过整合不同农业产业及其与相关服务业的深度协作，正在逐步改变传统农业的面貌。这种融合不仅提升了农业生产效率和产品附加值，还推动了农村经济向多元化和高附加值产业的转型。下面将探讨农业产业融合的概念、意义，以及它对农村经济结构优化升级的具体贡献。

（一）农业产业融合的定义与基本特征

农业产业融合指的是不同农业产业、农业与相关产业以及农业与现代服务业之间进行深度融合和协同发展的过程，这种融合不仅涉及农业内部各个环节的整合，还包括与农产品加工、流通、服务和支持产业的紧密结合。其基本特征包括多个方面，一是农业产业融合具有跨界融合的特征，即不同行业间的相互渗透和合作。例如农业与食品加工业、农业与旅游业等形成协同效应，共同推动农业经济发展。二是它涉及产业链条的延伸和完善，这包括从农业生产、加工到市场流通的全过程优化，确保产品从产地到消费者手中的高效连接。第三，农业产业融合强调价值链的协同作用。通过整合各个环节的资源和技术，提升产品附加值和市场竞争力，从而实现全产业链的协同发展。第四，技术创新是推动农业产业融合的重要驱动力。包括现代信息技术在内的各种技术手段被广泛应用于农业生产和管理中，提高农业生产效率和质量，促进产业结构的优化升级。最后是农业产业融合强调资源的高效利用。通过科学管理和技术手段，减少资源浪费，提高土地、水资源等的利用效率，实现农业可持续发展。

（二）农业产业融合的主要目的与意义

农业产业融合的主要目的在于通过各个环节的协同与整合，全面提升农业生产效率和农产品附加值。融合可以优化资源配置，例如通过技术创新和管理手段，有效利用土地、水资源等，提高生产效率和质量。通过整合农产品生产与加工、物流等服务，形成闭环运作，不仅降低了生产成本，还提高了产品的市场竞争力和附加值。这种协同作用不仅促进了农产品的品质提升，还为农民创造了更多的就业机会和稳定的收入来源，从而推动了农村经济的多元化发展。农业产业融合还能够增强农业的可持续发展能力，通过减少资源浪费、优化生产方式，如精准农业管理和绿色生产技术的应用，可以有效降低对环境的负面影响，实现经济效益、社会效益和环境效益的协调统一。例如采用智能化农业技术和生物技术，提高农产品的抗病虫害能力和品质稳定性，符合现代消费者对健康和安全的需求，从而增强了市场竞争力和可持续发展的长期性。农业产业融合不仅促进了农业生产和经济效益的提升，还为农村地区的全面发展提供了新的动力和可能性，是推动现代农业转型升级的重要路径之一。

（三）农业产业融合与农业可持续发展的关系

农业产业融合对农业可持续发展具有重要意义，首先通过整合农业生产、加工、流通等环节，可以提升农业生产效率和资源利用效率。例如采用先进的信息技术如物联网、大数据分析和人工智能，实现农业的精准化管理和决策支持，有针对性地施肥、灌溉，有效减少资源浪费，提高农产品产量和质量。农业产融合有助于减少农药化肥的使用量，通过科技手段，如生物农药、有机肥料等替代品的研发和应用，降低对环境的负面影响，保护土壤健康和水资源的可持续利用。这种方式不仅改善了农产品的安全性和质量，还有利于农业生态系统的长期健康发展。农业产业融合优化了农产品的供应链管理，通过建立高效的物流体系和市场信息反馈机制，减少农产品在运输过程中的损耗，降低成本，提高了农产品的市场竞争力和消费者满意度。这种整合还能促进农民收入的稳定增长，改善农村地区的经济状况，从而推动了农村社会的可持续发展。农业产业融合不仅在经济层面上提升了农业的竞争力和效益，也在社会和环境层面上实现了协调统一。通过科技创新和资源整合，实现经济、社会和环境效益的三赢，为推动农业可持续发展提供了重要的路径和模式。

（四）农业产业融合对农村经济结构优化升级的贡献

农业产业融合对农村经济结构的优化升级起到了重要作用，它促进了传统农业向现代农业的转型。通过引入先进的生产技术和管理理念，农业产业得以提升生产效率和产品质量，加强了农产品的市场竞争力。这不仅增加了农民的收入，还改善了农村经济的整体效益。农业产业融合推动了农村经济向多元化和高附加值产业的转变，例如将农业与旅游业、农产品加工业等相关产业深度融合，形成了产业集群和产业链条。这种集群效应不仅提升了农产品的附加值，还为农民创造了更多就业机会，改善了他们的经济收入状况。农产品加工和旅游服务等高附加值行业的引入，促进了农村经济结构的多样化发展，减少了对单一产业的依赖，增强了经济的韧性和可持续性。农业产业融合也提升了农村地区的基础设施建设和公共服务水平，为农民生活和生产提供了更好的条件和保障。例如改善了农村交通、电力、通讯等基础设施，提升了生活质量和生产效率，推动了农村社会的全面进步。农业产业融合不仅推动了农村经济的结构优化和升级，还为农民带来了实实在在的经济和社会效益。通过促进产业多元化发展和提升附加值，农村经济得以全面发展，为农村地区的可持续发展奠定了坚实基础。

农业产业融合是指不同农业产业及其与相关服务业深度融合和协同发展的过程，其通过整合农业内部各环节以及与农产品加工、流通和服务产业的紧密结合，显著提升了农业生产效率和市场竞争力。这种发展不仅使农产品更具市场价值，还为农村经济带来了多元化发展的新动力，改善了农民的经济收入和生活条件。农业产业融合的成功实践不仅是现代农业转型升级的重要路径之一，也为农村可持续发展奠定了坚实基础。

二、农业产业融合的类型与模式

农业产业融合模式的多样性和创新性对现代农业发展产生了深远的影响，通过不同类型的融合模式，农业不仅实现了生产管理的精准化和效率的提升，还促进了农产品的附加值提升和市场竞争力的增强。下面将深入探讨四种主要的农业产业融合模式，包括产业链上下游融合模式、跨行业、跨地区融合模式、农业与现代服务业融合模式以及农业与信息技术融合模式，以及它们对农业发展的积极影响。

（一）产业链上下游融合模式

产业链上下游融合模式是指农业与其上游供应商和下游市场环节的深度协作与整合，这种模式通过优化供应链和市场链，实现了从生产到销售的无缝衔接，为农产品的附加值提升和市场竞争力的增强提供了有效途径。在这一模式中，农业种植户与农药、肥料供应商之间展开紧密合作，通过精准施肥和病虫害防治，有效提高了作物的产量和品质。例如通过科学施肥，可以确保作物得到适量的养分，从而提高了农作物的生长速度和质量，进而提高了农产品的市场竞争力。另一方面，农产品生产企业与超市、电商平台的紧密合作也是产业链融合模式的重要体现。通过优化供应链和建立市场反馈机制，确保产品能够及时上市并得到消费者的高度认可。例如生产企业可以根据超市和电商平台的销售数据调整生产计划，保证市场需求的及时响应，同时也可以通过电商平台直接与消费者互动，获取市场反馈，进一步优化产品质量和服务。产业链上下游融合模式不仅促进了农产品生产效率的提升，还有效推动了产品的附加值提升和市场竞争力的增强。通过各环节之间的紧密协作与整合，农业产业能够更好地适应市场需求变化，实现可持续发展和稳定的市场销售渠道。

（二）跨行业、跨地区融合模式

跨行业、跨地区融合模式在农业产业中的实施，大大促进了农业的全面升级和多元化发展。这种模式通过不同行业间的合作与整合，创造了更广泛的市场机会和附加价值。农业与旅游业的融合是跨行业合作的一个典型例子，随着农家乐、采摘园等农业旅游项目的兴起，越来越多的城市居民选择到农村进行休闲度假和观光体验。这不仅促进了农村旅游业的发展，还增加了农民的收入来源。例如一些农家乐结合农产品的直销和餐饮服务，吸引了大量游客，提升了当地农产品的知名度和销售额。农产品加工业与农业的紧密合作也极大地促进了产业链的健康发展，通过将原料直接加工成成品，不仅提高了产品的附加值，还增强了其市场竞争力。例如农产品加工厂可以与种植户签订长期供应合同，确保原材料的稳定供应和质量，同时通过高效加工技术，生产出符合市场需求的高品质产品，满足消费者的多样化需求。跨行业、跨地区融合模式通过多元化的产业结合，为农业产业带来了新的发展机遇和挑战。这种合作模式不仅推动了农业的现代化转型，还为农民增加了收入来源，促进了农村经济的稳定增长和可持续发展。

（三）农业与现代服务业融合模式

农业与现代服务业的深度融合模式为农业发展带来了显著的改善和增益，这种模式通过整合金融、物流和信息技术等现代服务，为农业提供了全方位的支持和优化。金融服务在农业中的角色至关重要，金融机构可以通过提供农业贷款、保险等产品，帮助农民获得必要的资金支持，从而增加生产资金、提升农业生产能力。例如农业贷款可以帮助农民购买种子、肥料和农业设备，而农业保险则能够减少因自然灾害或市场波动而造成的损失，保障农民的经济稳定和可持续发展。物流服务的优化对农产品的质量和安全至关重要，特别是冷链物流系统的应用，能够有效保证农产品在运输和储存过程中的新鲜度和品质，从而延长产品的保质期，减少损耗，同时确保产品达到市场标准。信息技术的应用为农业生产带来了革命性的变化，物联网、大数据分析等技术手段能够实现农业生产的精准化管理和决策支持。通过监测土壤湿度、作物生长情况以及市场需求，农民可以及时调整种植策略和销售计划，提高生产效率和产品质量。例如精准农业技术可以帮助农民节约用水、减少化肥使用，提高农产品的产量和品质。

（四）农业与信息技术融合模式

农业与信息技术融合模式利用现代信息技术手段，如物联网、人工智能和大数据分析，极大地提升了农业生产和管理的智能化水平，实现了生产的精准化和效率的显著提升。物联网技术在农业中的应用使得农田管理更加精细化，通过传感器监测土壤湿度、温度和作物生长情况，农民可以实现精准灌溉和施肥，根据实时获取的数据调整农业生产措施。例如根据土壤水分和气象预报，智能灌溉系统可以自动调整灌水量，避免浪费水资源，同时保证作物的生长需求，提高了资源利用效率和农产品的质量。大数据分析在农业中的应用为农民提供了市场决策的重要依据，通过收集和分析市场需求、消费趋势以及农产品价格波动等数据，农民可以预测市场变化，合理制定种植和销售策略。例如在大数据的支持下，农民可以根据需求预测调整作物种植结构，确保市场供需平衡，减少了市场波动带来的风险，提高了农业经济效益和可持续发展能力。农业与信息技术融合模式的推广不仅推动了农业生产效率的提升和资源利用效率的优化，还促进了农业产业的现代化和可持续发展。这些技术的应用为农民提供了更多的生产管理工具和市场分析手段，帮助他们更好地应对市场挑战，实现农业增效和可持续发展的双赢局面。

不同类型的农业产业融合模式展示了在不同层面上如何通过协作与整合，推动农业的现代化转型和可持续发展。产业链上下游融合模式通过优化供应链和市场链的无缝衔接，提高了农产品的生产效率和市场竞争力；跨行业、跨地区融合模式创造了新的市场机会，推动了农业的多元化发展；农业与现代服务业融合模式则通过金融、物流和信息技术的支持，为农民提供了全方位的服务和支持；而农业与信息技术融合模式则利用物联网、大数据分析等技术手段，实现了农业生产的智能化和精准化管理。这些模式不仅提升了农业生产效率和经济效益，也为农业可持续发展开辟了新的道路，为未来的农业发展注入了新的活力和希望。

三、农业产业融合在促进农业经济发展中的作用

农业产业融合作为促进农业经济发展的重要策略之一，在提升农产品附加值、优化市场结构、提高生产效率以及促进农村就业和增加农民收入等方面发挥着关键作用。通过整合先进技术与现代管理理念，农业产业融合不仅提升了农产品的市场竞争力，还为农民创造了更多的经济增长机会，推动了农村经济的可持续发展，下面将分析农业产业融合在上述几个方面的具体作用及其对农业经济发展的深远影响。

（一）农业产业融合对提升农产品附加值的影响

农业产业融合对提升农产品附加值起到了至关重要的作用，通过整合生产、加工和销售环节，农产品从传统的原始形态转变为具有更高附加值的成品，这不仅为产品赋予了更长的保质期和更高的市场竞争力，也直接提升了农民的经济收入。例如将新鲜水果加工成果蔬干或果酱，不仅延长了其保存期限，还满足了消费者对便捷食品和高品质产品的需求，从而在市场上占据了更有利的位置。农产品加工业与农业生产的紧密合作，为农民创造了销售价值更高的产品选项，比如通过果蔬加工厂将水果制成果干，这样的产品能够在市场上以更高的价格销售，与直接销售原始水果相比，农民的收入明显提升。这种模式不仅仅是经济效益的提升，还体现了生产者与市场之间的良性互动，满足了消费者对食品多样性和品质的需求，促进了整体农业产业的健康发展和经济增长。

（二）农业产业融合对优化农产品市场结构的作用

农业产业融合对优化农产品市场结构具有显著作用，它通过整合农业与现代服务业（如电商平台）的合作，实现了农产品销售渠道的多样化和优化。例如许多农产品合作社与电商平台合作，建立了直接销售和配送服务的通道，使得即使是偏远地区的农产品也能迅速覆盖城市居民。消费者可以通过在线平台便捷地购买到来自农村的新鲜产品，这不仅满足了城市居民多样化的消费需求，也提升了农产品的市场接受度和销售量。农业产业融合优化了供应链条，提升了农产品的流通效率。传统上，农产品的流通链条中存在着多个中间环节，这不仅增加了产品的成本，也限制了其流通效率。通过直接与电商平台合作，农产品可以更快捷地从生产地到消费者手中，减少了运输和储存环节中的时间和资源浪费，提高了产品的新鲜度和品质。农业产业融合促进了市场供需的平衡，降低了中间环节的成本，从而增加了农民的销售收益。合作社与电商平台的直接销售模式减少了中间商的参与，农民可以获得更大的销售利润。这种直接销售的模式也为消费者提供了更为实惠和高品质的农产品选购机会，促进了市场的健康发展和消费者满意度的提升。

（三）农业产业融合对提高农业生产效率的贡献

农业产业融合对提高农业生产效率的贡献是显著的，首先通过引入先进的生产技术和管理理念，如物联网技术和大数据分析，农业生产得以实现精准化管理。物联网技术可以监测土壤湿度、作物生长情况等数据，从而实现精准灌溉和施肥，避免了传统农业中因为不确定性而导致的资源浪费。大数据分析可以预测市场需求趋势和优化种植结构，帮助农民在种植时作出更明智的决策，提高了农业生产的生产力和效率。农业与现代化设施的融合也在提升农业生产效率方面发挥了重要作用，例如智能温室和自动化养殖场的应用不仅减少了人力成本，还大幅度提高了生产效率和产品质量。智能温室通过精确的环境控制，优化了作物的生长条件，使得在非理想的自然环境下也能高效种植。自动化养殖场则通过自动喂食、监控动物健康等功能，有效减少了疾病发生率，提高了养殖效率和产品质量，从而保障了农产品的安全和稳定供应。这些技术和设施的应用不仅促进了农产品的增产增效，还为农民创造了更多的就业机会和增加了收入来源。农业产业融合的发展，使得农业从传统的劳动密集型向技术密集型、智能化发展，大大提升了农业生产的现代化水平和竞争力。因此农业产业融合不仅是农业生产效率提升的关键因素，也是推动农业可持续发展的重要策略之一。

（四）农业产业融合在促进农村就业和增加农民收入中的作用

农业产业融合在促进农村就业和增加农民收入方面发挥了重要作用，首先通过促进农产品的加工和价值链延伸，农业产业融合为农民创造了多样化的经济增长点。例如设立蔬果加工厂不仅为农产品增加了附加值，还为农民提供了稳定的销售渠道和加工收入。这种模式不仅增加了农民的收入来源，还提升了农村经济的整体效益。农业与旅游业的融合推动了农村旅游的发展，如农家乐、采摘园等项目的兴起吸引了大量游客 为农村地区创造了大量的服务和销售岗位。农民可以通过提供住宿、餐饮、农产品采摘等服务获得额外收入，同时也为当地居民提供了就业和创业的机会。这种多元化的经济活动不仅丰富了农民的收入来源，还促进了农村社区的社会互动和经济发展。农业产业融合通过将农业与现代服务业和旅游业等行业紧密结合，有效地促进了农村就业的增加和农民收入的提升。这些措施不仅提升了农村地区的经济活力和社会发展水平，还为农民创造了更多的就业机会和经济增长点，推动了农村经济的可持续发展和繁荣。

农业产业融合通过提升农产品附加值，优化农产品市场结构，提高农业生产效率以及促进农村就业和增加农民收入等多方面的作用，为农业经济的发展注入了新的活力。通过引入先进技术和现代管理理念，农业产业融合不仅使农产品具备更高的市场价值和竞争力，还通过优化市场结构和提高生产效率，有效推动了农村经济的转型升级。农业与现代服务业的融合也为农民创造了更多的就业机会和经济增长点，促进了农村社区的全面发展。因此农业产业融合不仅是农业现代化发展的必然趋势，也是推动农业可持续发展的关键路径之一。

第二章 农业经营预测、决策与主体

第一节 农业经营预测

一、农业经营预测的概念与重要性

农业经营预测在现代农业发展中扮演着至关重要的角色，通过对市场需求、气候变化、政策法规等多方面因素的科学分析和预测，农业经营者能够有效预见未来农业生产的发展趋势和变化规律。这不仅为农业经营者提供了制定合理生产计划和市场策略的依据，还为农业部门和政策制定者提供了重要的决策支持。下面将深入探讨农业经营预测的定义、其在农业发展战略中的角色、与市场需求的关系以及对农业生产组织与管理的重要性，展示其在优化资源配置和提高农业生产效率方面的关键作用。

（一）农业经营预测的定义与基本概念

农业经营预测是现代农业管理中重要的一环，它通过科学分析农业生产的各种环境因素、市场动态及相关政策，来预测未来一定时期内农业生产的发展趋势和变化规律，为农业经营者提供决策依据和行动指导。其基本概念涵盖了多个关键因素的分析和预测，农业经营预测要考虑到农产品供求关系，这包括对市场上农产品的需求量和供应量进行分析，预测未来市场的供需状况。例如，在粮食作物生产中，预测市场对小麦或玉米的需求量，帮助农业经营者合理安排种植规模，以满足市场需求并获取良好的销售价格。市场价格走势是农业经营预测的重要考量因素，通过分析市场价格的历史走势和当前市场的供需情况，预测未来市场价格的变化趋势。这对农业经营者决定作物的销售时间和价格策略至关重要，有助于最大化收益和降低市场风险。气候变化是影响农业生产的重要外部因素之一，农业经营预测需要考虑天气变化对农作物生长的影响，如降水量、温度变化对种植时间、施肥和灌溉的影响。例如，通过气象数据分析，预测未来几个月内的降水情况，以决定最佳的灌溉计划，确保作物生长的稳定性和产量的预期。政策法规是农业经营预测中的另一个重要因素，政府制定的农业政策和法规对农产品价格、补贴政策、种植结构等有重要影响。农业经营者需要了解并预测政策的变化和实施对农业经营的影响，以便及时调整策略和生产计划。农业经营预测通过对环境、市场和政策等因素的科学分析和预测，为农业经营者提供了重要的决策依据和行动指导。这种预测能力有助于优化农业生产流程，提高农产品的市场竞争力和经济效益，同时降低生产风险，推动农业的可持续发展。

（二）农业经营预测在农业发展战略中的角色

农业经营预测在制定和调整农业发展战略中扮演着至关重要的角色，通过对市场需求和产品价格趋势的深入分析和预测，农业决策者能够有效地规划未来的种植结构和生产规模。这种精准的预测能力使得农业部门能够在市场需求变化时快速调整，以更好地满足消费者的需求，提高农产品的生产效率和市场竞争力。农业经营预测帮助决策者理解和预见市场需求的变化趋势，通过分析消费者偏好、经济形势以及国内外市场动态，预测模型可以提供关于不同农产品需求的详细信息。这种信息使农业生产者能够有针对性地选择适合的作物种植，避免因市场供需失衡而导致的生产过剩或供应不足问题。农业经营预测有助于预测产品价格的波动，农产品价格的波动直接影响农民的收入和利润率，因此了解价格变动的可能性对农业经营者至关重要。基于这些预测结果，农业决策者可以调整种植结构，选择价格波动小或具有稳定市场需求的农产品，从而减少价格风险和提高经济效益。最重要的是，农业经营预测为政府部门制定和调整农业政策提供了科学依据。政府可以根据市场需求预测结果，采取有针对性的政策措施，例如农业补贴政策、市场调节措施和贸易政策调整，以促进农产品的生产、流通和销售。这些政策措施能够有效地支持农业现代化发展，提升农业产业链的整体竞争力和可持续发展能力。

（三）农业经营预测与市场需求的关系

农业经营预测与市场需求之间存在密切的相互关系和相互影响，市场需求的变化直接驱动了农业经营者在种植、生产和供应方面的调整，而农业经营预测则通过提前洞察市场需求的趋势和变化，帮助农业生产者做出更为精准和有效的决策。农业经营预测通过分析市场需求的不同因素，例如消费者偏好、经济环境和社会趋势，预测未来市场需求的变化趋势。这些预测结果为农业生产者提供了宝贵的信息，使他们能够及时调整农产品的种植结构和生产规模。例如如果预测显示市场对有机农产品的需求正在增加，农业经营者可以考虑增加有机农产品的生产比例，以满足消费者对健康、环保产品的需求，从而获得更高的市场竞争力和利润。农业经营预测还能帮助农业生产者在供应链管理和市场定价上更为精准地操作，预测到市场需求的波动或季节性变化，农业经营者可以调整生产计划和销售策略，避免因市场供需失衡而导致的库存积压或销售滞后。这种及时的反应能力不仅提高了农产品的流通效率，也有助于维持稳定的市场价格水平。最重要的是，农业经营预测为农业政策制定者提供了重要参考依据。政府部门可以根据市场需求预测的结果，采取相应的政策措施来支持农业生产者，促进农产品的生产、流通和销售。例如通过农业补贴或市场调节措施，政府可以在市场需求变化时提供稳定的政策支持，帮助农业经营者更好地应对市场挑战和机遇。

（四）农业经营预测对农业生产组织与管理的重要性

农业经营预测在农业生产组织与管理中扮演着至关重要的角色，它通过分析市场需求趋势和消费者偏好变化，为农业管理者提供了预见未来的能力。这种预见能力使农业生产组织能够及时调整生产计划和资源配置，以应对市场的变化和需求的波动。农业经营预测帮助农业管理者优化生产布局和种植结构，如果预测显示某一农产品的需求将大幅增长，管理者可以考虑增加该农产品的种植面积或投入更多资源用于生产，以满足未来的市场需求。相反地，如果预测到某些农产品需求下降，他们可以减少相关的生产规模，避免过度生产和库存积压。农业经营预测有助于提高生产效率和产品质量，通过提前了解市场需求，农业管理者可以合理安排生产周期、采购和供应链管理，避免资源的浪费和不必要的成本增加。这种精确的生产计划和资源配置不仅能够降低生产成本，还能够提高产品的质量和市场竞争力。农业经营预测对农业生产组织的战略规划和长远发展具有重要意义，通过持续地进行市场需求预测和分析，农业管理者可以制定长期的发展战略，包括新产品开发、市场扩展和技术创新，以提升整体竞争力和可持续发展能力。

（五）农业经营预测与农业资源配置的优化

农业经营预测在优化农业资源配置方面具有重要作用，通过精确的市场需求和气候情况预测，农业生产者能够更有效地调整和利用农业资源，从而提高生产效率和可持续性。农业经营预测通过对市场需求的分析，帮助农业生产者合理配置种植面积和作物品种。当预测显示某种农产品的市场需求将增加时，生产者可以增加该作物的种植面积，以确保未来产量能够满足市场需求，并获得更好的销售价格。反之，如果预测市场需求下降，他们可以减少相关作物的种植面积，避免资源过度投入和浪费。农业经营预测还能指导农业生产者在资源使用上的精确配置，如水、肥料、种子和农药等。通过预测来年的气候情况，农业生产者可以调整水资源的使用量和灌溉计划，以适应不同的天气条件，从而最大化地利用水资源。在肥料和农药的使用上，根据市场需求的预测，他们可以合理配置投入，避免资源的过度使用和对环境的负面影响。最重要的是，农业经营预测有助于降低生产成本并提高经济效益，通过精确预测市场需求和气候条件，农业生产者可以在生产过程中实现资源的最优化配置，从而降低生产成本。合理的资源配置不仅能够提高单产和产品质量，还能够增加农产品的市场竞争力和利润率。农业经营预测通过科学的市场分析和气候预测，为农业生产者提供了重要的决策支持和战略指导。它不仅帮助农业生产者更好地响应市场变化和气候波动，还促进了农业资源的有效配置和可持续利用，推动了农业生产的现代化和可持续发展。

农业经营预测不仅是对未来农业生产趋势和市场变化进行科学预测的过程，更是农业决策者制定战略决策、优化资源配置、提高市场竞争力的重要工具。通过准确预测市场需求、气候条件及政策影响，农业经营者能够灵活调整生产策略，避免供需失衡带来的风险，提高农产品的质量和经济效益。在未来的农业现代化进程中，农业经营预测将继续发挥着不可替代的作用，为农业可持续发展和食品安全提供坚实的支持。

二、农业经营预测的方法与工具

农业经营预测是农业管理中至关重要的一环，通过科学的方法和先进的工具，农业经营者能够更精准地预测市场趋势和作出关键决策。下面将探讨统计分析、时间序列分析、综合评价模型、数量化模型与决策树、以及 GIS 和遥感技术在农业经营预测中的应用，展示它们如何为农业生产的效率和可持续性提供支持。

（一）统计分析方法在农业经营预测中的应用

统计分析方法在农业经营预测中扮演着关键角色，其应用价值不仅在于帮助农业生产者预测市场走势，还在于支持他们做出基于数据的关键决策。通过分析历史数据和当前趋势，农业经营者可以更准确地预测未来市场的价格波动和需求趋势。统计分析可以利用过去几年的农产品价格数据进行回归分析，例如对于玉米种植者来说，分析过去的市场价格以及相关的气候数据可以帮助他们预测未来几个季度内的玉米价格变化。这种预测为农业生产者提供了确定最佳销售时机的依据，从而最大化其销售收益。统计方法还能够分析市场的需求量和供应链信息，通过深入了解市场需求的变化和供应链的动态，农业企业可以制定优化的资源分配策略。这种策略包括合理安排生产和销售计划，避免过度或不足的供应情况，从而提高资源利用效率并优化经济效益。统计分析方法支持农业企业在决策制定过程中的数据驱动决策，通过准确的市场预测和资源优化，农业决策者能够更精准地制定种植计划、采购决策以及市场营销策略。这种数据驱动的决策不仅提升了整体经营效率，还增强了企业的竞争力和市场适应能力。统计分析方法在农业经营预测中的应用不仅有助于预测市场走势和需求变化，还能够支持农业生产者做出基于数据和科学分析的战略性决策。这种方法不仅有助于保持农产品市场的稳定供应，还能够最大化农业生产者的经济利益和市场份额。

（二）时间序列分析在农业经营预测中的应用

时间序列分析在农业经营预测中发挥着重要作用，特别是对于预测季节性和周期性变化的应用。以水稻产量预测为例，通过时间序列分析过去几年的水稻产量数据，可以识别出每年的产量波动模式和趋势。这种分析有助于农业经营者在每个种植季节合理安排播种时间和农药使用，以应对不同年份的气候变化和市场需求波动。时间序列分析的一大优势在于能够捕捉到数据中的季节性和周期性变化，在农业经营中，这意味着可以预测出植物生长和产量的周期性变动，例如某些年份可能由于天气条件良好导致丰收，而其他年份可能受到干旱或病虫害的影响而产量下降。这些预测可以帮助农业生产者在播种、灌溉和施肥等方面做出更明智的决策，以最大程度地利用自然资源并确保生产的可持续性。时间序列分析还能帮助农业企业更精准地预测市场需求的季节性波动，通过对历史销售数据的分析，可以确定出不同季节或节假日对农产品需求的影响程度，从而制定出更为有效的库存管理策略。这种预测能力有助于农业企业在市场变化迅速的情况下，灵活调整生产和供应链策略，提高市场反应速度和供应链的整体效率。时间序列分析作为一种强大的工具，为农业经营者提供了深入洞察和可靠的预测能力，使他们能够更加有效地应对复杂的市场环境和生产挑战。

（三）综合评价模型在农业经营预测中的运用

综合评价模型在农业经营预测中的运用是一种综合利用多指标信息的重要手段，在果园管理中，例如农业经营者可以结合土壤质量、气候条件、果树树龄以及市场需求等多个因素，建立起综合评价模型来预测果实的产量和质量。综合评价模型能够将不同指标进行权衡和综合分析，从而更准确地预测果园的产量。土壤质量影响着植物的养分吸收和生长状况，气候条件则直接影响到果实的成熟和产量，而果树的树龄则决定了其生长速度和果实品质。通过结合这些因素，农业经营者可以更精确地预测出每个季节或每年的果实产量，有助于合理安排农业资源的使用，例如施肥、灌溉和病虫害防治，以最大化果园的生产效率和果实的质量。综合评价模型还能为农业经营者在制定果园扩展计划和销售策略时提供科学依据，通过对多种因素的综合考量，模型可以帮助确定最佳的果园扩展方式，如何优化果树的配置和种植密度，以及何时进行果实的采摘和销售，从而最大化经济效益和市场竞争力。综合评价模型的使用使得农业经营者能够在复杂的决策环境中做出全面考量，它不仅帮助优化农业生产过程，还能提高农场的整体管理效率和资源利用效率。通过准确预测产量和质量，农业经营者可以更好地应对市场需求的波动和竞争压力，确保农业经营的可持续发展。综合评价模型的应用不仅提升了农业生产的科学性和效率，也为农业经营者在面对多变的市场环境中，提供了更加可靠的决策支持和战略规划。

（四）数量化模型与决策树在农业经营预测中的比较

数量化模型和决策树在农业经营预测中各有其独特的应用和优势。数量化模型，例如线性回归和神经网络，通过数学模型和大量历史数据的分析来进行预测。这些模型适合处理数值型数据，并能够捕捉到变量之间的线性或非线性关系。在农业经营中，数量化模型可以用来预测农产品的价格和产量。例如通过分析历年来的气候数据、土壤状况和农作物产量的关系，可以建立岀预测模型，帮助农业经营者更好地规划种植和销售策略。在葡萄酒产业中，数量化模型可以预测葡萄收成的数量和品质，从而指导酿酒厂在采购和生产计划上做出合理的决策。相比之下，决策树模型则通过构建决策规则来进行预测和决策分析。决策树模型适合处理多因素交互影响的情况，能够直观地展示不同因素之间的关系和影响。在农业经营中，决策树模型可以帮助农场主根据不同的天气条件、市场趋势以及其他决策变量来调整农业生产和销售策略。例如在预测农产品的最佳收获时间时，决策树模型可以考虑到气温、降水、土壤湿度等因素，并给出相应的决策路径，以最大化收获的质量和数量。数量化模型适用于需要通过数学分析来理解和预测的场景，能够处理大量的历史数据和复杂的数值关系；而决策树模型则更适合于需要考虑多因素交互影响，并需要直观决策路径的情况。在实际应用中，农业经营者可以根据具体问题的性质和数据的特点选择合适的模型，以提升决策的科学性和效率，从而优化农业生产和经营管理。

（五）GIS 和遥感技术在农业经营预测中的应用

GIS（地理信息系统）和遥感技术在现代农业经营预测中扮演着关键角色，通过其强大的空间分析能力和数据支持，为农业生产者提供了精确、及时的信息，帮助他们在复杂的市场环境中做出有效的决策和策略安排。GIS 和遥感技术利用卫星图像和遥感数据，可以实时监测和分析农田的土地利用情况和作物生长状态。高分辨率的卫星图像能够精确识别出不同地块的植被覆盖率、土壤湿度等关键信息。这些数据对农业经营者调整灌溉和施肥计划至关重要，有助于最大化作物的产量和质量。例如，根据土壤湿度数据，农场主可以精准地控制灌溉量，避免过度灌溉或干旱，从而提高水资源的利用效率。遥感技术能够及时检测和预警农作物的病虫害情况，通过分析卫星图像中的植被变化和热度数据，可以早期发现病虫害的迹象，并采取及时的防治措施，保护作物的健康和产量。这种预警系统可以帮助农业经营者减少损失，提高作物的抗病能力，同时降低对农药的过度依赖，有利于环境保护。GIS 结合市场需求数据，能够分析农产品的流通路径和最优销售区域。通过空间分析，可以确定最佳的销售点和市场接触面，优化产品的市场竞争力和销售效率。例如，农业经营者可以利用GIS技术确定哪些地区对特定农产品的需求较大，从而调整销售策略和供应链管理，提高销售的精准度和效果。GIS和遥感技术在农业经营预测中的应用极大地促进了农业生产的现代化和可持续发展。这些技术不仅提升了农业生产的效率和质量，还帮助减少资源的浪费和成本的不必要支出，有效推动了农业向智能化、精准化方向发展。随着技术的进一步发展和应用，GIS和遥感技术将继续在农业领域发挥重要作用，为农业生产者带来更多的益处和发展机会。

综合以上分析可见，统计分析方法通过历史数据和市场趋势的分析，为农业生产者提供了预测市场价格和优化资源分配的能力。时间序列分析则有效捕捉季节性和周期性变化，帮助农业经营者在生产和销售策略上做出明智决策。综合评价模型综合考量多因素，精确预测果园产量和质量，优化农业资源利用。数量化模型和决策树在分析数值关系和多因素交互方面各有所长，提升了决策的科学性和实效性。GIS和遥感技术为农业经营者提供了空间信息支持，促进了农业生产的精准化管理和可持续发展。这些方法和工具共同为农业经营者提供了应对市场变化和资源管理挑战的强大支持，推动了农业生产向更高效、更可持续的方向发展。

三、农业经营预测在农业经济中的应用

农业经营预测在现代农业经济中扮演着至关重要的角色，通过科学的市场需求预测和供应平衡调整，农业生产者能够有效应对市场波动，避免过剩和供应不足的风险，从而实现生产的稳定和经济效益的持续增长。对天气和气候变化的预测，以及对政策、法规和全球经济贸易环境变化的敏感应对，也成为农业经营者成功的关键因素。技术创新的推广更进一步提升了生产效率和产品质量，为农业经营者在竞争激烈的国际市场中占据有利位置提供了强有力的支持。因此下面将探讨以上各方面预测对农业经营的实际影响及其在农业可持续发展中的重要性。

（一）农产品市场需求预测与供应平衡

农产品市场的需求预测与供应平衡是农业经济中至关重要的环节，准确的需求预测能够帮助农业生产者在种植和养殖方面做出有效的决策，从而避免供过于求或供不应求的情况发生。市场调研和数据分析是预测农产品需求趋势的关键

工具，这包括消费者偏好的变化、经济因素的影响以及竞争对手的行动。通过对市场的深入了解，农民可以预见到未来一年内某种农产品的市场需求走势。如果市场显示某种农产品的需求正在增长，聪明的农业经营者可以相应地增加种植面积或调整养殖规模，以满足未来的市场需求。这种及时的反应能够帮助他们在需求高峰期获得更多的销售和利润。相反地，如果市场预测显示需求可能下降或市场竞争激烈，农业生产者可能会考虑减少产量或调整种植策略，以避免库存积压或价格下跌的风险，从而保持经济的稳定性。成功的供应平衡依赖于农业生产者对市场动态的敏感度和灵活的应对能力，他们需要持续关注市场变化，了解竞争对手的策略和市场趋势，并能够及时调整供应量和价格策略，以保持市场份额和稳定的收益。此外，政府的政策支持和及时的市场信息分享也对于维持供需平衡至关重要，这可以帮助农业生产者更好地规划和执行市场策略。通过精确的需求预测和灵活的供应调整，农业经营者能够有效地应对市场波动，最大化地利用资源，确保农产品的稳定供应，同时保障自身经济利益的持续增长。这种市场敏感性和战略性的组合，是现代农业经营成功的关键因素之一。

（二）天气与气候变化对农业经营的影响预测

天气和气候变化对农业经营有着深远影响，因此有效的预测和应对措施显得尤为重要。利用气象数据和气候模型进行准确的预测，能够帮助农民及时调整农业生产策略，以因应不同的自然灾害和气候变化。首先通过对未来季节的降水量和温度变化进行预测，农民可以选择适宜的种植时间和品种。例如，在面对可能的干旱或洪涝灾害时，农业生产者可以采取相应的措施来减少风险。在干旱情况下，选择抗旱性强的作物品种或实施节水灌溉技术可以有效保护作物生长；而在洪涝时，选择耐水性强的作物品种或进行排水措施则有助于减少水分对农作物的不良影响。随着气候变暖，害虫和病害的扩散也成为一个日益严重的问题。农业经营者可以通过早期预警系统监测害虫和病害的活动，并采取相应的防治措施。选择抗病虫害的作物品种、定期喷洒农药或推广生物防治方法，都是有效的应对策略，能够减少作物受损并保持稳定的产量。有效的天气和气候变化预测以及相应的灵活应对措施对农业经营至关重要，科学的数据分析和合理的农业管理策略能够帮助农民和农业经营者更好地适应复杂多变的自然环境，确保农产品的质量和稳定的产量，实现农业可持续发展的目标。这种综合应对能力不仅有助于提高经济效益，还能促进农业系统的生态和社会可持续性。

（三）政策与法规变化对农业经营的影响预测

政策与法规的变化对农业经营的影响不容忽视，因此农业企业需要及时预测和灵活响应这些变化。政府可能通过推出新的补贴政策、环保法规或贸易政策来影响农业生产和市场准入条件。新的补贴政策可以直接影响农产品生产的成本和经济效益，补贴政策可能针对特定作物或农业技术的推广提供经济支持，例如补贴农业机械设备的购买或促进有机农业的发展。农业企业需要通过详细的政策分析，评估新政策对成本结构和盈利能力的具体影响，以便调整投资和生产策略，以最大化政策带来的经济效益。环保法规的变化可能要求农业生产者采取更严格的环保措施或改变生产方式，例如减少化肥和农药的使用，提高农业可持续性，以符合新的环保标准。这种情况下，农业企业需要投入更多资源进行技术升级和培训，确保符合法规要求，同时利用新技术和方法提高生产效率和资源利用率。贸易政策的调整也可能影响农产品的市场准入条件和出口竞争力，例如关税变化或贸易协议的签订可能改变农产品的市场定位和价格竞争力。农业企业需要密切关注国际贸易政策的变化，及时调整市场营销策略和出口目标，以最大限度地利用贸易政策带来的机会，降低贸易风险。政策与法规的变化对农业经营的影响深远且多样化，农业企业应建立健全的政策分析机制，通过与法律顾问的合作和行业组织的交流，及时了解和适应政策变化，以确保企业的合规运营，并利用新政策带来的机遇优势，促进农业可持续发展和经济效益的持续提升。

（四）技术创新对农业经营的影响预测

技术创新对农业经营的影响日益显著，对于提升生产效率和保证产品质量起到关键作用。随着新型农业机械设备和智能化种植技术的不断推广，农业生产者能够有效降低生产成本和劳动力投入，同时提高作物的产量和质量。例如自动化播种和喷洒系统可以精准控制种子和农药的使用量，减少浪费并提高作物的生长条件管理。使用无人机进行农田监测和智能灌溉系统，可以根据实时数据调整灌溉量，提高水资源利用效率，进而增加农作物的产量。农业经营者应当紧密关注技术研发的动态，并评估新技术应用的成本效益。通过与科技公司的合作或参与农业技术展示会，他们可以了解到最新的技术解决方案，并根据自身的生产条件和需求，选择适合的技术进行投入和推广。例如在技术投入初期，虽然可能存在一定的投资成本，但随着技术的成熟和推广，其带来的生产效率提升和成本节约将逐步显现出来，对农业企业的竞争力和可持续发展能力产生积极影响。技术创新对农业经营的影响不仅体现在生产效率和成本控制上，更涉及产品质量的提升和可持续发展的推动。农业经营者应积极把握技术创新的机遇，通过合理的技术选择和有效的管理实施，提高农业生产的现代化水平，迎接未来市场竞争的挑战。

（五）全球经济和贸易环境对农业经营的影响预测

全球经济和贸易环境的变化对农业经营产生广泛而深远的影响，农业经营者需要对全球市场的动态进行准确的预测和深入的分析，以应对可能带来的市场波动和挑战。国际市场上主要农产品的价格波动直接影响到国内农产品的出口收入和市场定价，全球经济的增长或衰退、主要消费国的经济政策变化以及大宗商品市场的供需关系都可能导致农产品价格的剧烈波动。农业经营者应通过跟踪市场价格指数、分析需求预测和竞争态势，制定灵活的市场策略，以适应价格波动并最大化收益。贸易政策的调整也会对农业经营产生直接影响，例如关税的变动、贸易协定的签署或取消都可能改变农产品的市场准入条件和竞争力。农业企业需要密切关注国际贸易政策的变化，及时调整出口目标和市场开拓策略，寻找新的市场机会并减少贸易风险。农业经营者还应利用市场信息和贸易数据进行深入分析，以评估市场需求的变化趋势和主要竞争对手的策略。通过建立稳固的国际市场网络、加强品牌建设和产品差异化竞争，他们可以提高农产品的市场份额和降低市场波动对经营的不利影响。全球经济和贸易环境对农业经营的影响具有复杂性和多样性，农业经营者需要具备敏锐的市场洞察力和灵活的应变能力，以应对全球化带来的机遇和挑战，实现农业可持续发展和经济效益的双赢。

农业经营预测通过市场需求预测与供应平衡、天气与气候变化影响预测、政策与法规变化预测、技术创新预测以及全球经济和贸易环境变化预测等方面的应用，为农业生产者提供了科学有效的决策依据。这些预测不仅帮助农业经营者在复杂多变的市场环境中保持灵活应对能力，还推动了农业生产的现代化和可持续发展。未来，随着技术的进一步进步和市场的深入调整，农业经营预测的角色将继续扩展和深化，为农业经济的繁荣与可持续性发展贡献更大的力量。

第二节 农业经营决策

一、农业经营决策的理论基础与流程

农业经营决策在现代农业管理中扮演着至关重要的角色，面对多变的生产条件、市场环境和政策影响，农业生产者和企业需要通过科学的分析和综合评估，制定出最优化的种植、养殖、经营和发展方案。这些决策不仅关乎经济效益的最大化，还涉及环境资源的合理利用与保护，体现了现代农业管理的科学性和效率性。

（一）农业经营决策的概念与定义

农业经营决策是指农业生产者或企业在面对复杂的生产条件、市场环境和政策影响时，通过分析和评估各种信息和资源，制定关于种植、养殖、经营和发展的具体安排和选择的过程。这些决策涉及资源配置、技术应用、市场营销、财务管理等多个方面，旨在提高农产品的产量和质量，增强农业经济效益，并在此过程中合理利用和保护环境资源。例如一位决定种植水稻的农业经营者需要综合考虑多个因素，首先他会通过土壤检测和肥料分析来评估土壤肥力状况，以确定是否需要施肥，选择何种类型的肥料，并合理安排施肥时间；其次他会考虑当地的降水情况和气候数据，确定最佳的种植时间和灌溉策略，以确保作物在整个生长周期内得到足够的水分；再者通过市场调研分析市场需求和价格趋势，决定选择适合市场的稻种和种植面积，以最大化销售收益；还需要考虑政府的补贴政策和支持措施，决定是否申请相关的资金或技术支持。这些决策不仅关注经济效益，还需考虑生态环境的可持续性。为了保护土地资源和生态平衡，决策者可能会选择环保的施肥和灌溉方法，或者采用生物农药来控制害虫，从而减少对环境的负面影响。通过综合分析和权衡各种因素，农业经营者可以制定出最优化的种植方案，以最大化产量和利润，同时保证土地的长期可持续利用。农业经营决策是现代农业管理中的重要环节，它体现了科学和有效的管理方式。通过精确的信息分析和综合考量，农业经营者能够应对多变的市场和自然环境，实现农业生产的稳定增长，并在经济效益与生态可持续性之间取得平衡。

（二）农业经营决策的基本原则与方法

农业经营决策的基本原则确保了决策过程的科学性、系统性、全面性和灵活性，这些原则在现代农业管理中至关重要。科学性要求决策者依据科学数据和经验进行分析，避免受主观偏见或从众心理的影响。例如在选择种植作物时，农业生产者可以通过土壤检测评估土壤肥力，利用气象预报确定最佳的种植时间，并通过市场需求分析选择最有利可图的作物品种，从而最大化农产品的产量和质量。系统性要求决策过程综合考虑各种因素的相互作用，农业经营者在制定粮食种植计划时，不仅需要评估土地的肥力和水分利用效率，还需考虑不同作物轮作的效果以及这些作物对生态系统的影响，确保农田资源的长期健康利用。全面性意味着决策应该从多个角度全面考虑利弊和影响，除了经济效益外，农业经营者还应考虑到社会效益和环境影响。例如选择是否采用有机农业方法时，需要综合考虑市场认可度、土地健康和农民健康等多方面因素，以及有机农业对环境的积极贡献。灵活性要求决策过程中能够随时根据外部环境变化调整策略和措施，农业生产受天气、市场波动和政策变化等因素影响较大，因此决策者需要及时响应这些变化。例如在种植季节中，农业经营者可能需要调整灌溉方案或施肥计划，以应对天气突变或市场价格波动，从而保证经济效益最大化并降低风险。这些基本原则和方法使农业经营者能够在复杂多变的环境中做出明智的决策，促进农业生产的可持续发展，同时平衡经济效益、社会效益和环境保护的各方面需求。

（三）农业经营决策中的信息获取与分析

农业经营决策的科学性和有效性取决于信息获取和分析的质量与深度，在信息获取方面，农业经营者通常依赖多方面的数据源来支持决策过程。市场信息是其中重要的一环，包括了解农产品的供需情况、价格趋势以及消费者偏好。农场主还需要考虑气象数据，以预测降水量、温度变化等，决定最佳的种植时间和灌溉安排。土壤肥力报告提供了关键的土壤养分和pH值等信息，帮助决策者优化施肥计划和作物选择。政策文件则影响到农业补贴、环保要求等方面，直接影响农业经营的成本和可行性。信息分析阶段则涉及将获取的各类数据进行整合、处理和评估，数据处理技术如数据挖掘和统计分析帮助农场主从海量数据中识别模式和趋势。模型建立包括建立预测模型，例如基于历史数据和气象预测进行未来产量预测。风险评估则帮助决策者识别可能的生产风险和市场波动，制定相应的风险管理策略，如多样化种植或保险购买。举例而言，一位家庭农场主可能通过定期监测市场报告，了解当前的农产品需求和价格，以决定何种作物具有最佳的市场前景。通过分析气象数据和土壤测试结果，他可以确定最佳的播种时间和适宜的施肥方案，以优化产量和质量。分析政策文件帮助他了解可获得的补贴和符合的环保标准，从而调整经营策略以最大化经济效益。

（四）农业经营决策的策略制定与实施

农业经营决策的策略制定与实施是确保农业生产效益和可持续发展的关键步骤，这些策略不仅需要明确长期发展目标，如提高产品质量、增加市场份额或降低生产成本，还需要制定中期规划和具体年度经营计划来落实这些目标。以下将详细探讨农业经营决策的策略制定与实施过程中的关键步骤和考虑因素。策略制定阶段要确立明确的长期发展目标，例如一个农业合作社可能面临提高全年蔬菜供应稳定性和市场竞争力的挑战。为了实现这一目标，他们可能会制定多样化种植结构和季节性轮作计划。通过种植不同作物和轮作管理，不仅能够降低单一作物风险，还能更有效地利用土壤资源，提高整体产量和质量。策略实施阶段需要进行详细的规划和管理，农场主和农业经营者需要对每个种植阶段进行精细化管理和监控，确保每一步都按计划执行。这包括资源的有效配置，如土地利用、人力资源、资金投入等。例如他们可能会投资于先进的灌溉技术，如滴灌或喷灌系统，以确保水资源的有效利用。这种投资不仅能够提高灌溉效率，还能减少水资源的浪费，降低生产成本，从而增加农产品的竞争力。在病虫害防治方面，科学的防治措施也是策略实施的重要组成部分。定期监测作物健康状况，及时采取生物防治剂或其他环保措施，可以减少化学农药的使用，提高农产品的安全性和质量，符合现代消费者对健康食品的需求。市场营销策略的制定和执行也至关重要，农业合作社可以选择建立直接销售渠道或与零售商合作，确保产品能够及时、高效地进入市场。他们还可以通过参加农产品展览会、利用社交媒体进行推广等方式，提升品牌知名度和市场份额。这些活动不仅能够增加产品的销售量，还有助于建立稳固的市场基础，为长远发展奠定坚实基础。农业经营决策的策略制定与实施需要综合考虑生产、资源、市场等多方面因素，通过制定明确的长期目标，制定详细的实施计划并严格执行和监控，农业生产者可以在竞争激烈的市场环境中保持竞争力，实现可持续发展和长期利润增长。

（五）农业经营决策中的决策支持系统应用

农业经营决策支持系统（DSS）在现代农业管理中扮演着越来越重要的角色，通过整合先进的信息技术和数学模型，为农业经营者提供全面的数据分析、模拟预测和优化方案的支持。这些系统不仅能够帮助决策者更快速、准确地做出决策，还能有效降低决策风险和提高决策效率。举例来说，一家大型农业企业可以利用决策支持系统分析市场需求和供应链数据。通过实时收集和分析市场信息，DSS可以帮助企业预测市场趋势和产品需求，进而优化种植结构和生产规划。这种预测能力使得企业能够及时调整种植作物的品种和数量，以满足市场需求，减少库存积压和物流成本。决策支持系统还能够实时监测气候变化和作物生长情况，通过与气象站数据的实时连接，DSS可以提供关于降水、温度、风速等气象条件的即时分析，帮助决策者优化灌溉安排和施肥策略。系统还能通过传感器监测作物的生长情况和健康状况，及时发现并应对可能影响产量和质量的问题。决策支持系统的另一个重要功能是模拟预测，基于历史数据和当前条件，系统可以建立各种农业生产模型，如作物生长模型和产量预测模型。这些模型能够帮助决策者在不同的管理方案和情景下进行模拟实验，评估不同策略对产量、成本和利润的影响，从而选择最佳的经营方案。

（六）农业经营决策的评估与调整

农业经营决策的评估与调整是确保农场持续改进和优化的关键步骤，评估过程涉及对决策实施效果进行全面分析，包括产出数据、经济效益以及市场反馈等方面。这些数据帮助农业经营者了解决策的实际影响，识别问题和改进空间，并为调整经营策略提供依据。例如一家家庭农场决定采用新的有机种植技术，旨在提高农产品的质量和市场竞争力。在技术应用一段时间后，农场主会对比引入新技术前后的产量、生产成本以及市场售价情况。通过这些比较，农场主能够评估新技术的效果和经济效益。如果发现新技术带来了预期的增益，农场主可能会考虑进一步扩大有机农产品的种植面积，以满足不断增长的市场需求。可能还会调整施肥和灌溉方式，以最大化资源利用效率和产出品质。另一方面，如果评估结果显示新技术并未如预期般带来明显的经济效益或市场认可，农场主可能会重新审视技术的实施细节，寻找替存的改进点或适应性调整。这可能包括改良操作流程、调整技术配比或增加市场营销努力，以提升产品的市场接受度和竞争力。农业经营决策的评估与调整不仅有助于优化生产效率和经济效益，还能提升农场的整体可持续性和适应性。通过持续地监测和调整农业经营策略，农场主能够更好地应对市场波动和环境变化，确保农业生产的稳定和长期发展。

农业经营决策的全过程涵盖了概念与定义、基本原则与方法、信息获取与分析、策略制定与实施、决策支持系统的应用以及评估与调整等多个关键环节，通过科学的信息获取和分析，农业经营者能够在复杂的生产环境中做出精准的决策，从而提高农产品的质量和产量，同时确保经济效益和生态可持续性。农业经营决策的不断优化和调整，使得农场能够适应市场变化和环境挑战，为农业的长期发展和持续改进奠定了坚实基础。

二、农业经营决策中的风险评估与管理

在当今复杂多变的农业经营环境中，农业经营者面临着诸多挑战和不确定性。从自然灾害到市场波动，再到政策变化，各种风险因素时刻威胁着农业生产的稳定性和可持续性，因此有效的风险评估与管理成为保障农业经营成功的关键工具。下面将探讨农业经营决策中的风险评估概念、风险识别与分类的重要性，以及定量分析方法的应用。同时还将讨论如何制定和实施有效的风险管理策略，并探讨农业保险在降低经营风险和应对突发事件中的角色，通过这些内容可以更全面地理解如何在不确定性中稳固农业经营的基础。

（一）农业经营决策风险评估的基本概念

农业经营决策中的风险评估是一种关键的管理工具，旨在帮助农业经营者有效应对各种不确定性因素。这些因素可能包括自然灾害如干旱或洪水，市场波动比如价格波动，以及政策变化如补贴政策的调整。通过系统地分析和评估这些潜在风险，农业经营者能够更清晰地理解可能面临的挑战，并在决策中权衡风险与收益。风险评估涉及识别和分类各种风险因素，例如一位农业经营者在选择种植作物时，必须考虑不同作物对气候变化的敏感度及市场需求的不确定性。这种分析有助于理解不同风险事件可能对农业生产和市场销售造成的具体影响。风险评估还包括定性和定量分析，通过定性分析，可以评估每种风险的潜在影响和可能性，以便在决策过程中做出适当的反应。例如对于自然灾害，可以评估其可能导

致的损失程度和持续时间，从而采取相应的风险管理措施。风险评估的目标是找到风险与收益之间的最佳平衡点，这意味着农业经营者需要在追求利润最大化的考虑到可能面临的各种风险，并通过合适的决策和策略来降低这些风险的影响。

（二）风险识别与分类在农业经营决策中的应用

在农业经营中，风险识别和分类对于制定有效的管理策略至关重要。农业经营者面临着多种潜在的风险因素，需要系统地识别和分类，以便有针对性地应对这些风险，确保农业经营的稳定性和可持续性。自然风险是农业经营中最为显著的一类风险，这包括气候相关的风险，如干旱、洪水、冰雹等。这些因素直接影响作物的生长和产量，可能导致严重的损失。地理风险如土壤质量不佳、土壤侵蚀等也会对农业生产造成影响。例如在干旱频发的地区，农业经营者需要特别关注水资源的有效利用和作物的选择，以应对气候变化带来的不利影响。生物风险是另一个重要的考虑因素，主要包括害虫和病害。它们可以迅速传播并导致广泛的损失，因此农业经营者需要及时监测和采取预防措施，以保护农作物的健康和生产力。另一方面，市场风险涉及市场需求和价格波动的不确定性。需求变化和价格波动可能导致农产品的市场价值波动，直接影响农业经营的盈利能力。因此农业经营者需要密切关注市场动态，制定灵活的销售策略和价格风险管理方案，以应对市场波动带来的挑战。通过对这些风险因素的细致识别和分类，农业经营者可以更有效地制定相应的应对策略。例如针对气候相关风险，可以采取灌溉改善措施或选择更适应当地气候的作物品种；对于市场风险，则可以通过多样化种植或与农产品合作社合作来降低市场波动带来的风险影响。

（三）农业经营决策风险评估的定量分析方法

在农业经营决策中，定量分析方法是评估各种风险潜在影响的关键工具。这些方法不仅帮助农业经营者理解风险的性质和规模，还能指导其制定有效的应对策略，保障经营的稳定性和可持续性。概率分析是一种常用的定量分析方法，用于评估特定事件发生的可能性。例如基于历史数据和气象统计，可以计算出不同自然灾害（如干旱、洪水）发生的概率。通过这种分析，农业经营者可以预测可能面临的灾害频率及其可能的影响程度，从而有针对性地采取预防和应对措施，如引入灌溉设施或选择抗旱作物品种。统计建模在农业决策中也有重要应用，通过建立数学模型，可以分析影响农业生产和市场销售的各种因素，如土壤质量、作物生长速率、市场需求等。这些模型可以帮助农业经营者优化资源配置，提高农产品的产量和质量，同时预测可能出现的风险和挑战。模拟仿真技术能够模拟不同农业经营场景下的各种变量和结果，例如通过仿真模型，可以评估不同气候条件下作物生长的可能性及其收成情况。这种方法可以帮助农业经营者制定应变策略，对抗自然灾害或市场波动带来的不确定性。经济学模型和市场预测对农业经营决策也至关重要，经济学模型可以分析成本、收益和利润，帮助农业经营者评估投资回报率和盈利潜力。市场预测则可以预测农产品价格的波动及其影响因素，指导农业经营者选择合适的种植作物和销售时机，最大化收益。

（四）风险管理策略与措施的制定与实施

在农业经营中，有效的风险管理策略和措施对于确保稳定经营至关重要。预防措施是防范风险的关键，农业经营者可以通过改善土壤质量、采用合适的灌溉技术、选择抗旱和抗病作物品种等方式，减少自然风险对农作物生长和产量的影响。例如在干旱频发地区，引入节水灌溉系统和耐旱作物品种可以显著提高农业的抗干旱能力。转移风险是通过购买农业保险来减轻损失的一种有效手段，农业保险可以覆盖因自然灾害、疾病或意外事件导致的损失，包括作物损失、牲畜疾病等。这种方式能够帮助农业经营者在灾害发生时获得经济补偿，减少经营风险对财务的冲击，提高经济可持续性。减少风险可以通过多样化种植和市场多元化来实现，多样化种植不仅可以降低单一作物面临的风险，还能够在不同的季节和市场需求变化中分散农业经营的风险。开拓多个市场渠道和建立稳定的销售合作关系，可以有效应对市场波动和价格波动带来的风险。接受风险是农业经营中不可避免的一部分，有时候的农业经营者需要承担一定的价格波动风险或季节性的自然灾害风险。在接受风险的农业经营者也应建立足够的应急准备和资金储备，以应对突发事件对经营造成的影响。

（五）农业保险在农业经营决策中的作用

农业保险在现代农业经营中扮演着至关重要的角色，它通过提供经济赔偿帮助农业生产者有效管理生产过程中面临的各种风险。这些风险包括自然灾害如洪水、干旱、风暴以及其他意外事件可能导致的损失。农业保险的主要功能是在发生灾害时，通过赔付帮助农民恢复损失，保障其生计和持续生产。农业保险显著减轻了农业经营者面对自然灾害带来的财务风险，例如一场洪水可能摧毁农作物，但如果农民投保了农业保险，保险公司会按照合同约定向农民赔付损失，资助他们重新种植作物或修复受损设施。这种经济支持能够有效缓解因灾害而导致的收入损失，保证农业经营者在灾后能够继续其生产活动。农业保险有助于降低农业经营中的风险感知和经营不确定性，一旦农民投保了农业保险，他们便可以更加放心地进行投资和种植决策。即使面对不可预测的风险事件，农民也知道有一定的经济保障和支持，不至于因灾害而面临严重的经济困境。农业保险的普及和使用还能促进整个农业系统的抗风险能力和可持续发展，保险公司通过为农场提供风险保障，激励农业生产者采取更先进的农业技术和管理实践。这些技术和实践不仅提高了生产效率和农产品质量，还有助于推动农业产业的健康发展。农业保险在农业经营决策中扮演着不可或缺的角色，它不仅为农民提供了经济保障，帮助他们应对风险，还促进了农业的可持续发展和现代化进程。因此，农业保险的普及和有效利用对于提升农业生产者的抗风险能力和经济效益具有重要意义。

（六）应对突发事件与危机的农业经营决策

应对突发事件和危机是农业经营中不可避免的挑战，需要农业经营者迅速响应并采取有效措施以减少损失并保护经济利益。农业经营者应建立健全的紧急响应计划，这包括制定预案，明确在面对突发事件（如自然灾害、疾病爆发）或市场危机时的应对步骤和责任分工。响应计划应该包括应急联系人员、资源调配、信息发布渠道等，确保在紧急情况下能够迅速有效地采取行动。农业经营者需要灵活调整生产和市场策略，例如面对市场波动，可以通过灵活的定价策略、销售渠道多元化或产品转型来减少市场风险。在疾病爆发或自然灾害时，及时调整种植计划或采取防范措施（如灌溉调整、覆盖保护）也是有效应对的手段。建立良好的合作关系和沟通机制也至关重要，农业经营者可以与当地政府、农业机构、保险公司以及其他利益相关者建立紧密联系，共同应对突发事件和危机。这些合作关系不仅可以获取更多的支持和资源，还能够分享信息和最佳实践，提升应对能力和抗风险能力。持续的风险评估和管理是应对突发事件和危机的基础，通过定期评估和监测潜在的风险因素，农业经营者可以提前预见可能的问题，并及时调整策略和计划，以减少突发事件带来的影响。

农业经营决策的风险评估与管理是确保农业生产持续稳定的重要手段，通过系统地识别和分类各种风险因素，农业经营者能够更好地制定应对策略，从而降低自然、市场和生物等多方面风险对经营的不利影响。定量分析方法如概率分析、统计建模和模拟仿真技术，为农业经营者提供了客观、科学的工具，帮助他们预测和应对可能的风险事件。制定灵活的风险管理策略，包括预防措施、保险投入以及应急响应计划的建立，有助于提升农业经营的适应性和抗风险能力。农业保险作为重要的经济保障工具，不仅为农业生产者提供了财务安全网，还促进了农业系统的整体健康发展。因此通过持续的风险评估和有效的管理措施，农业经营者可以在面对不可预测的挑战时保持稳健，实现经济可持续性和社会责任。

三、农业经营决策在实际中的分析

农业经营决策的有效性关乎农业生产者在竞争激烈的市场中的生存和发展，市场需求与供应情况、政策变化、技术进步、环境因素以及全球经济贸易环境的变化，无不深刻影响着农业经营者的策略选择与长远规划。下面将从这些方面分析各种因素对农业经营决策的影响，探讨如何通过理性的决策来应对复杂多变的市场环境。

（一）市场需求与供应情况对农业经营决策的影响分析

市场需求和供应情况对农业经营决策具有深远影响。理解市场需求的变化趋势是农业生产者制定种植和养殖策略的关键。例如随着消费者对高品质农产品的偏好增加，农业经营者可能会选择种植或养殖更优质的品种，以提升产品质量和附加值，从而获取更高的市场定价和利润。这种调整不仅可以满足市场需求，还能增强产品的市场竞争力。另一方面，市场供应过剩可能导致价格下跌，对农业经营者来说是一种挑战。在这种情况下，他们可能需要寻找新的销售渠道或者加工方式，以避免产品滞销和损失。定期进行市场调研和趋势预测，能够帮助农业生产者及时调整生产规模和产品种类，以确保产品供应与市场需求之间的平衡。深入了解市场需求还有助于农业经营者优化供应链管理，通过确保产品的及时交付和高效销售，他们可以提升客户满意度并减少库存积压的风险。因此保持对市场需求和供应情况的敏感性，是农业经营者成功的关键。基于市场分析结果，他们需要灵活调整经营策略，以适应不断变化的市场环境，实现长期的可持续发展。市场需求和供应情况直接影响农业经营的盈利能力和生产效率，通过有效的市场分析和策略调整，农业生产者可以更好地应对市场变化，确保其业务在竞争激烈的市场中持续增长和发展。

（二）政策变化对农业经营决策的影响分析

政策变化对农业经营决策具有深远的影响，直接影响到农产品的生产、销售和市场竞争力。例如政府可能根据国内经济形势或国际贸易环境调整农业补贴政策，这会直接影响农业经营者的经济收益。补贴的增减或取消可能导致农产品的生产成本变化，进而影响到生产者的利润率和决策行为。贸易协定的签订或变更也会对农业出口市场产生重大影响，影响农业生产者的市场准入和销售价格。农业经营者需要密切关注政策的变化，并灵活调整种植结构或生产策略以应对新政策带来的挑战和机遇。例如政府可能通过提供补贴来支持特定类型的农业生产，例如有机农业或节水农业，这鼓励农业经营者转向更可持续的生产方式。税收政策的变化也可能影响到农业投资的回报率，决策者需要考虑税收优惠是否可以带来更高的经济效益。政策环境的稳定与变化直接塑造了农业经营者的经营环境和战略选择，了解并适应政策的变化，是农业经营者在制定长远发展计划和经营策略时必须重视的重要因素之一。

（三）技术进步与创新对农业经营决策的影响分析

技术进步和创新对农业经营决策具有重大影响，为农业生产带来了革命性的改变和增强竞争力的机会。随着智能农业技术的广泛应用，农业生产者能够更有效地管理和优化农业生产过程。例如无人机和传感器网络的引入使得农业管理者可以实时监测土壤养分状况和作物生长状态，精确施肥和灌溉，从而最大化产量并提高产品质量。农业经营者需要密切关注和采纳新技术，以在竞争激烈的市场中保持竞争力和可持续发展。通过引入自动化和数据驱动的农业技术，他们能够降低生产成本、减少资源浪费，并且在市场上提供更有竞争力的产品。技术创新还有助于农产品的增值，例如通过农产品溯源系统或者新型包装技术，提高产品的市场附加值，进而获取更高的市场定价和消费者认可度。除了提高效率和降低成本外，技术进步还为农业经营者开辟了新的市场机会，例如直接销售平台和在线市场，使他们能够更直接地与消费者联系，建立更稳固的销售渠道。因此技术进步和创新不仅是农业经营决策中必须考虑的因素，更是推动农业持续发展和适应市场需求的关键动力。农业经营者应当积极采纳和应用新技术，以实现生产效率的提升、市场竞争力的增强，从而确保长期的经济可持续性和发展潜力。

（四）环境因素与气候变化对农业经营决策的影响分析

环境因素和气候变化对农业经营决策有着深远的影响，直接影响到农作物的生长和农业生产的稳定性。极端天气事件如干旱、洪涝、或者暴风雪，经常导致农作物减产甚至全面损失，这对农业经营者的经济收益和生计构成严重威胁。农业经营者需要通过科学的气象预测和环境监测来及时感知潜在的风险，并制定相应的防范和应对措施。为了减少环境因素和气候变化带来的风险，农业经营者可以采取多种策略。选择适应当地气候条件的作物品种，能够增加农作物对极端天气的抵抗力和适应性。通过引入现代化的灌溉系统和水资源管理技术，有效应对干旱和水灾带来的影响。购买灾害保险或参与农业风险管理计划，可以在灾害发生时减轻经济损失。在农业经营决策中，环境因素和气候变化的考量至关重要。农业生产的可持续性和稳定性取决于农业经营者如何有效地管理和适应环境变化。定期评估气候风险和环境压力，是制定长期种植计划和投资决策的重要基础。通过综合利用科技和科学数据，农业经营者可以最大限度地减少环境风险，确保农产品生产的持续性和可预测性，从而实现稳健的经济回报和可持续的农业发展。

（五）全球经济与贸易环境对农业经营决策的影响分析

全球经济和贸易环境的变化对农业经营决策有着显著的影响，特别是对于依赖出口的农业生产者而言。国际市场的价格波动、贸易协定的签订或取消等因素，直接影响农产品的市场准入和价格稳定性。举例来说，贸易保护主义政策的实施可能导致出口市场的限制或者价格的波动，对农业出口导向国家的农业经营者构成重大挑战。农业经营者必须密切关注全球经济和贸易政策的变化，并灵活调整出口策略和市场定位，以应对不断变化的国际市场环境。例如他们可能需要探索多样化的出口市场，减少对单一市场的依赖，或者根据市场需求调整生产品种和质量标准。建立稳固的贸易关系和参与多边贸易协定，可以帮助农业经营者稳定出口市场并确保有竞争力的定价策略。在全球化的经济环境中，农业经营者的成功与否往往取决于他们如何适应和利用国际贸易的机遇与挑战。有效的市场信息收集和预测能力，以及灵活的市场战略调整，是农业经营者在面对全球经济波动时保持竞争力和可持续发展的关键因素。因此跨国经济和贸易环境的变化不仅要求农业经营者具备敏锐的市场洞察力，还需要他们采取积极的战略来应对复杂的国际市场挑战。

农业经营决策面临着多重挑战和机遇，了解和适应市场需求、灵活应对政策变化、采纳前沿技术创新、有效管理环境风险以及应对全球经济贸易波动，是确保农业生产可持续性和经济效益的关键。农业经营者应当通过综合利用信息和科技手段，不断优化生产方式和市场战略，以实现长期稳健的发展目标。

第三节　农业经营主体

一、农业经营主体的类型与特征

农业经营的多样性和复杂性在于其涵盖了多种经营主体，每种主体都具有独特的特征和经营模式。从家庭农场到大型农业企业，再到合作社、农民专业合作社、农业经纪人和政府机构，每个单位都在自己的领域内发挥着重要作用，推动着农业的现代化和可持续发展。下面将探讨各种农业经营主体的特征与经营模式，以及它们在全球农业中所起的作用和影响。

（一）家庭农场的特征与经营模式

家庭农场作为一种小型农业经营单位，其特征与经营模式展现了独特的优势和挑战。家庭农场通常规模较小，以家庭成员为主要劳动力来源，这使得劳动力成本相对较低，同时也加强了家庭成员之间的协作和团结。在生产方面，家庭农场依赖传统的种植和养殖技术，常见的作物包括小麦、玉米等粮食作物，以及各类蔬菜和家禽。例如在中国农村，许多家庭农场通过种植主粮和养殖家禽来保障日常生活所需。家庭农场的经营模式具有明显的特点，其中核心是节约成本和自给自足。通过合理利用家庭劳动力和土地资源，家庭农场能够减少外部劳动力的投入，从而降低生产成本。农业生产与家庭生活紧密结合，例如农产品既供应家庭食用，又可以部分用于市场销售，增加家庭收入。随着市场经济的发展，许多家庭农场也在逐步向市场化方向转变，加强农产品的品质管理和市场营销，以提高经济效益和家庭收入水平。家庭农场以其灵活性和适应性在农业经营中发挥重要作用，尤其在保障家庭生计和农村经济稳定方面具有不可替代的地位和功能。随着农业技术和管理水平的提升，家庭农场在农村可持续发展中将继续发挥重要作用。

（二）大型农业企业的特征与经营模式

大型农业企业以其规模化和现代化管理为特征，是现代农业生产中的重要组成部分。这类企业通常拥有广泛的经营范围和高度专业化的生产方式，借助先进技术和管理手段实现高效率的农业生产。举例来说，美国的ADM（美国超级一汽大宇集团）依靠机械化作业和科学种植管理，大规模生产粮食和种子，充分利用先进的农业技术和生产设备来提高生产效率和质量。这些大型农业企业的经营模式十分注重市场导向、资本投入和风险管理，它们通过市场分析和需求预测，调整农产品种植结构和生产规模，以满足国内外市场的需求。大型农业企业通常投入大量资本用于设备更新、技术创新和人才培养，以确保生产的现代化和高效化。这些企业通过规模效应和科技进步不断提升生产力，从而在竞争激烈的市场环境中保持竞争力。大型农业企业在现代农业中扮演着重要角色，它们的高效生产和专业管理不仅推动了农业生产方式的转型升级，也为农产品的供应和质量提供了保障。随着全球农业技术的不断进步和市场竞争的加剧，大型农业企业将继续发挥其在全球农业供应链中的关键作用。

（三）合作社与农业合作组织的特征与经营模式

合作社和农业合作组织是由农民自愿组成的经济实体，其独特的特征和经营模式为农业发展提供了一种灵活而有效的方式。合作社以民主管理和共享经济成果为核心特征，成员农民通过合作共同管理和分享资源。这些资源包括土地、机械设备、市场信息等，合作社能够通过集中采购和统一销售等方式实现规模经济效益，降低生产成本并提高市场竞争力。举例来说，欧洲的农业合作社如Danish Agro就通过集中采购农业用品和统一销售农产品，为成员农民提供更好的市场价格和服务。这种集体行动不仅可以增加成员农民的谈判能力，还能够有效管理市场风险，因为集体行动可以更好地应对市场波动和需求变化。合作社的经营模式强调成员自治、共享利益和风险控制，成员农民参与决策，共同制定经营策略和规划，确保各成员的利益得到公平对待和保障。合作社还通过组织农产品的销售和提供技术培训等活动，帮助成员提升农业生产效率和质量，从而增加收益。合作社和农业合作组织在推动农业现代化、提升农民收入和保障农业可持续发展方面发挥着重要作用，它们通过集体力量和资源整合，为农民提供了更多的经济机会和社会支持，是促进农业社区发展和增强农民竞争力的重要方式之一。

（四）农民专业合作社的特征与经营模式

农民专业合作社是由具备特定专业技能的农民自愿组成，旨在提高某一农产品的生产效率和质量。这类合作社在农业生产中具有重要的技术和市场优势。以中国的绿色蔬菜专业合作社为例，这些合作社采用先进的种植技术，如温室种植和有机认证，以确保生产的安全和环保性。通过这些技术手段，他们能够提供高质量的有机蔬菜，满足越来越关注健康和品质的消费者需求。农民专业合作社的经营模式主要集中在专业化生产、品牌建设和市场拓展上，这些合作社通常进行合理分工，使得每个成员能够专注于自己擅长的领域，从而提升整体生产效率。他们注重品牌的建设和市场推广，通过品牌认知度的提升，加强产品在市场上的竞争力。例如通过参与农产品展销会和建立直销渠道，农民专业合作社能够直接面向消费者，建立稳定的销售渠道和良好的客户关系。农民专业合作社还通过技术培训和信息共享，提升成员的专业知识和管理能力，确保生产活动的持续改进和创新。这种合作模式不仅增加了农产品的附加值，还有助于提高农民的收入水平和生活质量。农民专业合作社在现代农业中发挥着重要作用，通过技术创新和市场导向，为农业产业升级和农民增收做出了积极贡献。随着消费者对健康和品质要求的提升，这类合作社在未来的发展潜力将继续得到广泛认可和推广。

（五）农业经纪人与农业经济公司的特征与经营模式

农业经纪人和农业经济公司在现代农业经济中扮演着重要的角色，它们作为中介机构连接农民和市场资源，通过提供各种服务帮助农业生产者提升效率和管理风险。以巴西的农业经纪公司Agrotools为例，这类公司利用先进的信息技术和金融产品，为农民提供包括市场信息、技术服务和资金支持在内的多种服务。农业经纪人和经济公司的特征包括信息整合和市场资源的优化利用，它们通过收集、整理和分析市场数据，为农民提供市场趋势、价格预测等信息，帮助农民做出更明智的生产和销售决策。它们还提供技术服务，如农业科技推广和培训，帮助农民应用现代化的农业技术和管理方法，提升生产效率和产品质量。这些中介机构注重风险管理和利润分享，农业经纪人和经济公司通过提供农业保险、金融产品等方式，帮助农民管理自然灾害、市场波动等风险，降低生产经营的风险程度。它们通常与农民建立长期合作关系，通过利润分享或合作模式，确保农民在经济上获得公平的回报。农业经纪人和农业经济公司在优化农业供应链、提高农民收益和推动农业现代化方面发挥着重要作用，随着技术的进步和市场的变化，它们的角色和影响力将继续扩展，为全球农业产业的可持续发展做出更大贡献。

（六）政府机构与农业经营的特征与经营模式

政府机构在农业经营中扮演着关键的角色，主要通过监管、政策制定和资源调配来支持和促进农业的发展。它们的特征包括宏观管理和公共服务提供，旨在保障农业生产的稳定性和可持续性。政府机构通过制定和执行农业政策来引导整个行业向可持续发展方向发展，例如印度的农业发展部门通过政策支持和农业补贴，鼓励农民采用先进的农业技术、种植方式和管理实践，以提高生产效率和产品质量。政府的政策还包括市场准入、价格支持和风险管理等方面，旨在降低农业生产的风险，并帮助农民更好地适应市场变化。政府机构注重公平性和社会效益，确保农业政策的实施能够惠及广大农民群体。这包括在资源分配上的公正性，例如土地使用权和水资源管理，以及农业科技的普及和技术援助的提供。政府还通过投入资金和设施建设来改善农村基础设施，提升农村生活质量，促进农民的全面发展和社会稳定。政府机构的经营模式强调政策导向和长期规划，致力于推动农业现代化、提高农民收入和改善农村经济状况。通过与农业相关的各个部门和利益相关者的协作，政府能够有效地响应农业发展的需求和挑战，为整个国家的粮食安全和农业可持续发展做出贡献。

不同类型的农业经营主体在全球农业中各司其职，各具特色。家庭农场依赖于家庭成员的劳动力和传统的种植技术，注重自给自足和节约成本；大型农业企业则以规模化和现代化管理为特征，通过先进技术和市场导向实现高效生产；合作社和农民专业合作社通过资源整合和集体行动提升农民收益和市场竞争力；而农业经纪人和政府机构则通过信息服务和政策支持促进农业发展和农民福祉。各种经营主体共同构成了一个复杂而多元的农业生态系统，为全球粮食安全和农村经济稳定做出了重要贡献。随着技术的进步和市场的变化，这些经营模式也在不断演变和适应，以应对新的挑战和机遇。

二、农业经营主体的组织形式与运作机制

农业经营主体的组织形式与运作机制对于现代农业的发展至关重要，在全球范围内，各种形式的农业组织如农民合作社、农业企业和农民专业合作社，通过法律地位的确认和多样化的组织形式，有效整合农民资源，提升了农业生产效率和市场竞争力。下面将探讨农业经营主体的法律地位与组织形式、资源配置与管理体系、市场竞争与定位策略、内部管理与协作机制、创新与技术应用以及社会责任与可持续发展等方面的重要内容，旨在全面分析和理解现代农业经营的关键因素和成功策略。

（一）农业经营主体的法律地位与组织形式

农业经营主体在法律上拥有明确的地位，通常采用农民合作社、农业企业或农民专业合作社等组织形式。这些形式在促进农业发展中起到关键作用，不仅有助于整合农民资源，还能提升农业生产效率。以中国的"三变"改革试点中的农民合作社为例，这些合作社通过法律地位的确认，为农民提供了共同参与农业生产、经营与管理的平台。这种组织形式不仅鼓励了农村社区的互动与合作，还加强了农业现代化的推进步伐。农民合作社通常由农民自愿组建，依法登记成立，具有法人地位和自主经营权。这使得他们能够集中资源进行大规模生产、采购和销售，提高农产品的市场竞争力和附加值。这些合作社还能够通过规模效应和技术进步，推动农业生产方式的创新和提升。农业经营主体的法律地位和多样化的组织形式在不同国家和地区发挥着重要作用，为农业现代化和可持续发展提供了重要支持和保障。通过合理利用这些法律框架和组织形式，可以更好地解决农业领域面临的挑战，促进农村经济的全面发展。

（二）农业经营主体的资源配置与管理体系

农业经营主体的资源配置与管理体系对于其可持续发展和竞争力至关重要，资源包括土地、劳动力、资金等，如何合理配置和有效管理这些资源直接影响到农业生产的效率和经济效益。农业企业在资源配置方面通常会进行土地利用规划，这包括对土地的优势和特性进行评估，制定合理的种植轮换和耕作计划，以最大化土地的生产力。例如在土地质量和水资源充足的地区，可以选择发展水稻和其他耐水作物，而在土地肥力较低的地区，则需要进行土壤改良和施肥计划。农业技术投入是提高生产效率的重要手段之一，现代农业企业通常会引进先进的农业技术，如精准农业技术、智能化农机具和生物技术，以提高作物产量和质量。通过科学的土壤分析和作物管理技术，农业企业可以根据实际需求进行精准施肥和灌溉，避免资源浪费，提高生产效率。市场需求分析也是资源管理的重要组成部分，农业企业需要密切关注市场动态，了解消费者偏好和趋势，以调整生产结构和作物选择。例如根据市场对有机农产品的增加需求，农业企业可以调整种植结构，增加有机农产品的产量，从而获取更高的市场价格和附加值。在资源管理体系的建设过程中，科学决策和精细化管理是实现资源最大化利用和效益提升的关键。农业企业应建立健全的管理制度和内部控制机制，确保资源的合理配置和有效利用。例如通过建立全面的生产计划和财务预算，监控资源使用情况，并及时调整生产策略和资源配置方案，以应对市场变化和自然灾害等风险。农业经营主体通过科学的资源配置和精细化的管理体系，能够有效提升生产效率和经济效益，实现可持续发展和长期竞争力。这不仅有利于企业的发展，也有助于提升农民收入，推动农业现代化进程。

（三）农业经营主体的市场竞争与定位策略

在当今市场经济环境下，农业经营主体面临着激烈的竞争和多样化的市场需求，因此必须制定清晰的市场竞争定位和策略以保持竞争力和实现长期发展。成功的市场定位和策略执行对于农业企业来说至关重要，市场竞争定位，农业企业需要深入了解市场需求和竞争格局，确定自己的市场定位。例如一些企业选择在特定地区或市场细分中专注于特色农产品的生产与推广。通过深耕细作，这些企业能够建立起稳固的市场地位和较高的品牌认知度。这种市场差异化定位不仅有助于企业避免直接竞争，还能够提升产品的附加值和市场竞争力。产品差异化和品牌建设，农业经营主体可以通过培育特色农产品或采用特殊的种植、养殖技术，来打造独特的产品特性和品牌形象。例如有机农产品、地理标志产品或者以传统种植方式生产的农产品，往往能够吸引具有环保意识和健康消费倾向的消费者群体。通过品牌建设和市场推广，企业能够提升产品的附加值和市场份额，建立起长期的竞争优势。营销策略的执行和创新，成功的市场定位需要配以有效的营销策略和推广活动。农业企业可以利用数字营销、社交媒体营销以及线下活动来提升产品的知名度和市场影响力。例如通过建立农产品直销平台、参加农产品展会或者与零售商建立长期合作关系，扩大产品的市场覆盖面和销售渠道，进一步巩固市场竞争地位。持续创新和品质保证，农业经营主体应不断创新产品和服务，以满足消费者日益增长的多样化需求。投入研发和技术改进，提升产品的质量和安全性，是保持竞争优势的关键因素之一。积极响应市场反馈，及时调整策略和产品组合，确保企业在市场竞争中的灵活性和适应性。

（四）农业经营主体的内部管理与协作机制

农业经营主体的内部管理与协作机制直接影响到其运营效率和绩效表现，一个良好的内部管理体系包括多个关键要素，能够有效地促进组织内部的协作与效率，科学的决策结构是内部管理的基础。农业企业通常会建立清晰的决策层级和流程，确保决策能够迅速而准确地被制定和实施。这包括确定决策的责任人和参与者，确保决策与战略目标的一致性和可操作性。明确的岗位职责能够帮助员工清楚地了解自己在组织中的角色和职责，通过透明和明确的岗位描述，可以避免责任模糊和工作重叠，提高员工的工作效率和满意度。这种明确性也有助于管理层更好地评估员工的表现和提供必要的培训支持。有效的信息沟通渠道是内部协作的关键，农业企业可以采用多种沟通工具和平台，如定期会议、内部通讯工具和团队协作软件，确保信息能够流通畅通、及时有效地沟通。这种沟通不仅仅限于信息的传递，还包括对于策略调整和市场变化的快速响应能力。建立开放和支持性的工作文化对于内部管理至关重要，鼓励团队成员之间的合作与分享经验，能够激励创新和解决问题的能力。通过设立奖励制度或者员工培训计划，能够提高员工的工作动机和技能水平，从而增强内部团队的凝聚力和协作效果。良好的内部管理与协作机制能够帮助农业经营主体优化资源配置，提升运营效率和绩效水平。这种高效的内部运作不仅能够增强企业的竞争力，还能够为其可持续发展和长期成功奠定坚实的基础。

（五）农业经营主体的创新与技术应用

创新和技术应用在现代农业经营中扮演着至关重要的角色，对于提升生产效率、改善产品质量以及降低成本具有显著的影响。农业企业通过引进先进的农业科技实现了生产效率的显著提升，例如精准农业技术利用全球定位系统（GPS）和遥感技术，帮助农民精确施肥、灌溉和病虫害防治，从而最大程度地减少资源浪费，提高农作物的产量和质量。这种精细化管理不仅节约了成本，还减少了对环境的负面影响，促进了可持续农业的发展。智能化设备的应用进一步加强了农业生产的自动化和智能化水平，自动化播种机械、智能化灌溉系统以及无人机应用在农业监测和作物管理中的广泛应用，大大提高了农作物的生长情况监测精度和效率。这些技术不仅减少了人力成本，还使农业经营主体能够更及时地调整生产策略以适应市场需求和气候变化。生物技术和基因改良也为农业创新提供了新的可能性，例如耐病抗逆的转基因作物和优良品种的选育，能够在提高农作物产量的提升其抗性和品质，满足消费者对健康和安全食品的需求。农业经营主体通过持续引进和应用先进的农业科技，不仅提升了生产效率和产品质量，还降低了生产成本，增强了竞争力和可持续发展能力。这些技术的应用不断推动农业现代化进程，为农业经营主体开辟了更广阔的发展前景和市场空间。

（六）农业经营主体的社会责任与可持续发展

农业经营主体在社会责任和可持续发展方面扮演着重要角色，需要在生态环境保护、农村社区发展和农民福祉等方面积极作为，以推动整个农业产业的可持续发展。生态环境保护是农业经营主体应承担的重要社会责任之一，现代农业的发展往往伴随着资源的消耗和环境污染的风险。因此农业企业可以通过推广有机农业、采用生态友好的农业技术和方法，如无化学农药的种植、循环农业系统等，减少化学品对土壤和水源的污染，保护生态系统的稳定性和多样性。农村社区发展是社会责任的重要体现，农业经营主体应当关注农村地区的经济发展和社会福祉，通过提供稳定的就业机会、改善基础设施建设、支持当地教育和文化活动等方式，促进农村社区的全面发展和居民生活质量的提升。关注农民收入增加也是可持续发展的重要方面。农业企业可以通过技术培训、合理价格的设定、农产品增值等方式，帮助农民增加收入，改善其生活条件和社会地位，实现经济与社会效益的双赢。农业经营主体在履行社会责任和推动可持续发展过程中，需综合考虑生态、经济和社会三方面的因素。通过制定和执行可持续的发展战略和政策，农业企业不仅能够提升自身的竞争力和品牌形象，还能够促进农业产业的健康发展，为未来农业的可持续发展奠定坚实基础。

现代农业经营主体在全球范围内呈现多样化和创新化的发展趋势，通过法律地位的确认和多样化的组织形式，农业企业能够有效整合资源、提升生产效率和市场竞争力。在资源配置与管理方面，科学的土地利用规划和先进的农业技术应用，使得农业生产更加精细化和高效化。市场竞争与定位策略的明确执行，帮助企业确立市场地位和提升品牌影响力。良好的内部管理与协作机制，不仅提高了运营效率，还促进了团队协作和创新能力。创新与技术应用在提升生产效率和产品质量方面发挥着关键作用。农业经营主体在履行社会责任和推动可持续发展过程中，通过生态环境保护、农村社区发展和农民福祉的积极作为，为整个农业产业的健康发展贡献力量，实现经济与社会效益的双赢局面。农业经营主体在法律地位、资源管理、市场竞争、内部管理、技术创新和社会责任等方面的综合发展，将推动农业现代化进程，为未来农业的可持续发展奠定坚实基础。

三、不同农业经营主体在农业现代化发展中的角色与贡献

在当今快速发展的农业现代化进程中，各种农业经营主体发挥着不可或缺的作用。家庭农场、大型农业企业、合作社与农业合作组织、农民专业合作社、以及农业经纪人与农业经济公司，每个主体都在其独特的领域内贡献着力量，推动着农业生产向更加高效、可持续和市场化的方向发展。它们通过技术创新、市场连接、资源整合和政策支持，共同构筑着一个充满活力和成就的农业现代化体系。

（一）家庭农场在农业现代化中的作用与贡献

家庭农场在农业现代化进程中扮演着多重角色并做出重要贡献，作为农业生产的基础单元，家庭农场通过传统的耕种方式保障了大部分农产品的生产。他们不仅保持了土地的可持续利用，还在实践中积累了丰富的经验和技术。例如中国

的许多小型家庭农场通过有效的耕作管理，保证了粮食和蔬菜的稳定产量，满足当地居民的基本食品需求。家庭农场在农业现代化中扮演了技术创新和传承的重要角色，一些先进的家庭农场引入了先进的种植技术和设备，如智能灌溉系统和精准农业技术，提升了农作物的生产效率和质量。例如日本的一些小型家庭农场通过引进先进的温室种植技术，实现了全年蔬菜的生产，满足高端市场的需求。家庭农场在农产品市场的供应链中发挥了关键作用，通过直接销售和市场交易，连接了农村和城市消费者，促进了农村经济的发展。这种直接销售模式不仅缩短了供应链，降低了成本，还增加了农民的收入和市场的透明度。家庭农场不仅是农业现代化的基础和支柱，还通过技术创新和市场连接，为农业生产的可持续发展贡献了重要力量。它们保护了农业生产的传统智慧，并在现代技术和市场机制的支持下，挂动着农业向更加高效、环保和市场化方向发展。

（二）大型农业企业在农业现代化中的作用与贡献

大型农业企业在农业现代化中扮演着关键角色，其规模和资源优势使其能够引领和推动农业生产的技术革新和管理现代化。大型农业企业通过大规模生产和资本投入，实现了农业生产的规模化和标准化，提高了生产效率。例如美国的大型种子和化肥公司通过技术创新和研发投入，推广了高产、抗病的新品种和农药，显著提升了作物的产量和质量。大型农业企业在资源管理和环境保护方面发挥了重要作用，它们通常拥有先进的水资源管理和土壤保护技术，通过精确的灌溉系统和科学的施肥措施，减少了水资源和化肥的浪费，降低了对环境的影响。例如巴西的大型农业企业在亚马孙地区采用先进的森林保护措施，保护了大片森林和生态系统，确保了农业生产的可持续性。大型农业企业还在市场开拓和国际贸易中发挥了重要角色，它们通过专业的市场营销团队和全球化的供应链网络，将农产品有效地推广到国内外市场，扩大了农产品的销售渠道和市场份额。例如阿根廷的大型农业企业通过多样化的种植和出口策略，成功打开了欧洲和亚洲市场，实现了农业产品的高效输出和国际化发展。大型农业企业不仅在农业现代化中推动了技术创新和生产效率的提升，还在资源管理、环境保护和市场开拓方面发挥了重要作用。它们通过规模化生产和专业化管理，为全球农业的可持续发展做出了积极贡献。

（三）合作社与农业合作组织在农业现代化中的作用与贡献

合作社与农业合作组织在农业现代化中扮演着促进农民团结合作、提升生产效率和增加农民收入的重要角色，合作社通过集体采购、生产和销售，为农民提供了规模化生产的优势和集口谈判的能力。例如印度的农业合作社通过集中购买农业输入品和集中销售农产品，有效降低了生产成本和销售风险，提高了农民的收入水平。合作社在农业技术推广和信息传递中发挥了重要作用，它们通常设立农业技术培训中心和信息服务平台，帮助农民学习和应用最新的农业技术和管理方法，提升了农业生产的科技含量和现代化水平。例如肯尼亚的合作社通过推广先进的种植技术和有效的病虫害防治措施，提高了当地农产品的质量和市场竞争力。合作社还在社会经济发展和农村稳定中发挥了积极作用，它们通过建立农民信用合作社和社会保障体系，提供了农民的贷款和风险分担机制，促进了农村经济的繁荣和社会的稳定。例如尼日利亚的合作社通过提供农业信贷和保险服务，有效减少了农民的财务风险，增强了他们的经济抗风险能力。合作社与农业合作组织在农业现代化中不仅推动了农业生产的集约化和现代化，还促进了农村经济的发展和社会的稳定。它们通过集体行动和资源整合，为广大农民提供了实现自身利益最大化和社会共同利益最大化的有效途径。

（四）农民专业合作社在农业现代化中的作用与贡献

农民专业合作社在农业现代化中扮演着重要角色，特别是在整合资源、推广科技和提升农民收入方面发挥着显著作用。这些合作社通过集体化运作，实现了农业生产的规模化和专业化管理。例如巴西的农民专业合作社在种植大豆和玉米等主要农产品时，利用先进的机械化作业和科技耕作技术，提高了生产效率和品质，有效降低了成本。农民专业合作社在农业技术推广和知识传递方面发挥了重要作用，它们设立了农业技术培训中心和示范基地，向农民介绍最新的种植技术、肥料施用方法和病虫害防治措施，帮助农民提升了农业生产的科技含量和现代化水平。例如印度的棉花专业合作社通过引进抗虫棉花品种和精准灌溉技术，显著提高了棉花的产量和质量，使农民从中受益良多。农民专业合作社还在市场营销和品牌建设方面发挥了重要作用，它们通过集中采购和统一销售，提高了农产品的市场竞争力和销售效率，为农民获取更好的销售价格和市场份额创造了有利条件。例如中国的蔬菜专业合作社通过品牌化包装和网络销售，打开了城市消费者市场，带动了农产品的增值和农民收入的提升。农民专业合作社不仅在农业现代化中促进了生产的规模化和现代化，还在技术推广、市场营销和农民收入增加等方面发挥了重要作用。它们通过集体行动和资源整合，为农村地区的经济发展和社会稳定做出了积极贡献。

（五）农业经纪人与农业经济公司在农业现代化中的作用与贡献

农业经纪人与农业经济公司在农业现代化中扮演着连接农民和市场、优化资源配置和提高农业效益的重要角色，他们作为中介机构，帮助农民获取市场信息和资讯，提供农产品市场需求的精准预测和分析。例如印度的农业经纪人通过专业的市场调研和需求分析，帮助农民选择适宜的作物种植和销售时机，最大化农产品的经济效益。农业经纪人和农业经济公司在农业技术推广和创新投入方面发挥了重要作用，他们通过设立农业技术示范基地和实验站，引进先进的农业生产技术和管理方法，帮助农民提升了生产效率和产品质量。例如巴西的农业经纪公司通过推广GPS定位技术和智能化农机装备，降低了农业生产成本，增强了土地利用效率，推动了农业的现代化进程。农业经纪人与农业经济公司还在风险管理和农产品市场化方面发挥了重要作用，他们通过开发农业保险产品和风险管理方案，帮助农民应对自然灾害和市场波动带来的风险，保障了农民的生计和农业生产的稳定性。例如美国的农业经济公司通过建立多样化的期货市场和农产品交易平台，提供了农产品价格保护和市场流动性，有效增加了农民的收入和市场参与度。农业经纪人与农业经济公司不仅在市场信息服务和农业技术推广方面发挥了关键作用，还在风险管理和资源优化配置上做出了重要贡献。它们通过专业化服务和市场化运作，为农业生产的现代化和农民的经济效益提升提供了重要支持。

（六）政府机构在农业现代化中的作用与贡献

政府机构在推动农业现代化过程中扮演着至关重要的角色，其政策支持、资金投入和监管作用对于促进农业生产方式转型和提升农民生活质量具有重大影响。政府通过制定和执行农业发展战略和政策，为农业现代化提供了宏观指导和政策支持。列如中国的"粮食安全战略"和"乡村振兴战略"，以及印度的"双倍农民收入计划"，都是政府在农业现代化中出台的重要政策，通过投资基础设施、提供补贴和优惠政策，促进了农业生产结构的调整和现代化技术的推广。政府机构在农业科技研发和技术推广中发挥了重要作用，它们通过设立农业科研院所、资助科技创新项目和组织技术培训，推动了农业生产技术的进步和应用。例如巴西政府的农业研究机构EMBRAPA，通过长期的研究和技术推广，开发了适应热带气候的农业技术和高产作物品种，显著提升了巴西农业的竞争力和可持续性。政府在农业基础设施建设和资源配置中也发挥了关键作用，它们投资建设农田水利工程、农业机械化设施和农产品加工厂，改善了农村基础设施条件，提高了农业生产的效率和质量。例如埃塞俄比亚政府通过修建灌溉系统和改善道路网络，大幅提升了农民的种植面积和粮食产量，改善了当地农民的生活水平。政府机构在市场监管和农产品质量安全方面发挥了重要作用，它们通过建立健全的市场准入制度、实施食品安全监管和质量标准，保障了农产品的品质和消费者的健康。例如欧盟的农业政策□包括严格的农产品质量标准和追溯体系，确保了农产品的安全和市场的信任度，为农民赢得了稳定的市场份额和高价回报。政府机构在农业现代化中不仅在政策制定和技术推广上发挥了关键作用，还通过基础设施建设、市场监管和资源配置等多方面的努力，为农业生产的现代化和农民生活水平的提升做出了重要贡献。政府的支持和引导是推动农业持续发展和农民福祉改善的关键因素之一。

不同农业经营主体在农业现代化中各有侧重，但彼此之间又相辅相成。家庭农场以其灵活性和地方性优势，在保障基本农产品供给的通过技术创新提高了生产效率。大型农业企业通过规模化和科技投入，推动了农业生产的现代化和环境可持续性。合作社与农业合作组织通过集体行动，提升了农民的经济收益和社会保障水平。农民专业合作社在技术推广和市场品牌建设方面发挥了重要作用。而农业经纪人与农业经济公司则通过市场信息服务和资源优化配置，为农业生产效益提升提供了有力支持。政府机构在农业现代化中扮演了政策制定、技术推广、基础设施建设和市场监管的关键角色，是整个农业现代化进程的坚实后盾。

第三章　农产品市场

第一节　农产品市场供给与需求

一、农产品供给的影响因素

在现代农业经济发展中，农产品市场的供给与需求是推动农业现代化的重要因素。农产品供给的影响因素复杂多样，包括自然环境、生产技术、政策支持以及市场需求等多个方面。了解因素的作用机制，有助于优化农业生产，提高农产品供给效率，从而促进农业经济的可持续发展。

（一）自然环境的影响

自然环境是影响农产品供给的重要因素之一，农业生产依赖于土地、水源、气候等自然条件，良好的自然环境提供充足的资源，支持农产品的生长和产出。例如土壤的肥力直接决定了作物的产量和质量，水资源的供应关系到农作物的灌溉需求。气候条件如温度、降水等则影响作物的生长周期和病虫害的发生。因此农民需要根据自然环境的特点，选择适宜的农作物种植，从而提高农产品的供给能力。

（二）生产技术的进步

生产技术的进步是提高农产品供给的关键因素，现代农业技术包括先进的种植技术、农业机械化、精准农业、智能农业等，技术能够显著提高农业生产效率和农产品的质量。例如基因改良技术培育出抗病虫害、抗逆性强的优质农作物品种，农业机械化能够提高生产效率，降低劳动成本。精准农业通过数据分析和智能设备的应用，实现精准施肥、灌溉和病虫害防治，从而提高农产品的产量和品质，因此推广和应用现代农业技术，是促进农产品供给的重要途径。

（三）政策支持的作用

政策支持在农产品供给中发挥着重要作用，政府通过制定和实施农业政策，为农业生产提供有力的保障和支持，例如农业补贴政策减轻农民的生产成本，增加农产品供给。农业信贷政策提供资金支持，帮助农民购买先进的生产设备和技术，农业保险政策则降低农业生产的风险，提高农民的生产积极性。此外政府还通过制定市场监管政策，维护农产品市场的公平竞争环境，保障农产品供给的稳定性，因此政策支持是提升农产品供给能力的重要手段。

（四）市场需求的影响

市场需求是农产品供给的直接驱动因素，农产品市场需求的变化，会直接影响农民的生产决策和供给水平，例如随着消费者对绿色、有机食品需求的增加，农民会调整生产结构，增加绿色有机农产品的供给。市场价格的变化也会影响农产品供给，当某种农产品价格上涨时，农民会增加该农产品的种植面积，从而提高供给量，因此及时了解和分析市场需求变化，是确保农产品供给与需求匹配的重要措施。

农产品供给受到自然环境、生产技术、政策支持和市场需求等多方面因素的影响，优化因素的作用机制，有助于提高农产品供给效率，促进农业经济的可持续发展。在实际操作中，农民需要结合自身实际情况，合理利用自然资源，积极应用现代农业技术，争取政策支持，密切关注市场需求变化，从而实现农产品供给的稳定和高效。通过不断探索和实践，推动农业现代化发展，最终实现农业经济的繁荣和进步。

二、农产品需求的变化趋势

随着社会经济的发展和人们生活水平的提高，农产品需求呈现出多样化和个性化的变化趋势。这种变化不仅体现在需求数量上的增加，更体现在需求结构和质量要求上的提升，了解和分析农产品需求的变化趋势，对于农业生产的调整和市场的供需平衡具有重要意义。通过研究农产品需求的变化趋势，为农业生产者提供有价值的参考，帮助他们更好地满足市场需求，促进农业经济的可持续发展。

（一）消费者健康意识的提升

现代社会中，消费者的健康意识不断增强，促使农产品需求发生显著变化，越来越多的消费者关注食品的安全性和营养价值，追求绿色、有机和无公害的农产品。健康饮食观念的普及使得消费者在选择农产品时，更加注重其生产过程是否符合环保和健康标准。例如有机蔬菜、绿色水果和无公害肉类产品在市场上受到越来越多消费者的青睐，因此农产品需求的这种变化趋势要求农业生产者在生产过程中注重环境保护和食品安全，通过采用生态农业和有机种植等方式，提高农产品的健康品质，满足消费者的健康需求。

（二）城市化进程的推动

城市化进程的加快也是农产品需求变化的重要推动因素，随着越来越多的人口迁移到城市，城市居民对农产品的需求量显著增加，城市居民的生活方式和消费习惯与农村居民不同，他们更加注重食品的便捷性、多样性和高品质。例如速冻蔬菜、方便食品和高端水果等在城市市场的需求量持续上升。此外城市居民对于农产品的品牌和包装也有较高的要求，农产品的品牌化和精细化趋势明显。因此农业生产者需要根据城市化进程带来的需求变化，调整生产结构，提高农产品的附加值，满足城市市场的需求。

（三）消费结构的升级

消费结构的升级是农产品需求变化的另一个显著趋势，随着经济的发展和居民收入的增加，消费者在农产品消费上的支出不断提高，农产品需求从数量型向质量型转变。消费者对农产品的品质、种类和品牌有了更高的要求，追求高品质、高营养和多样化的农产品，例如优质大米、高端水果、特色蔬菜和有机肉类等高附加值农产品在市场上越来越受欢迎。此外消费者还注重农产品的文化内涵和消费体验，特色农产品和地方特产的市场需求不断扩大，因此农业生产者需要关注消费结构的变化，提升农产品的品质和附加值，打造特色品牌，满足市场升级的需求。

农产品需求的变化趋势主要体现在消费者健康意识的提升、城市化进程的推动以及消费结构的升级等方面，变化趋势不仅反映了消费者需求的多样化和个性化，也对农业生产提出了新的要求。农业生产者需要及时了解市场需求的变化，调整生产方式和产品结构，提高农产品的品质和附加值，以更好地满足消费者的需求。通过顺应农产品需求的变化趋势，优化农业生产，提升市场竞争力，推动农业现代化进程，从而实现农业经济的可持续发展。

三、供需平衡与市场调节机制

农产品市场供需平衡是实现农业经济稳定发展的基础，而市场调节机制在其中起着至关重要的作用，在市场经济条件下，农产品供需平衡不仅依赖于自然环境、技术进步、政策支持和市场需求等因素的综合作用，还需要有效的市场调节机制来引导和调控。市场调节机制通过价格信号、供需调整和政府干预等手段，确保农产品市场的平稳运行和供需平衡，从而推动农业现代化和经济发展。

（一）价格机制在供需平衡中的作用

价格机制是市场调节供需平衡的重要手段之一，在市场经济中，价格是供需双方互动的结果，能够反映市场的供需状况，当某种农产品供不应求时，其市场价格会相应上涨，激励生产者增加产量，吸引更多资源投入该农产品的生产，从而逐步缓解供需紧张局面。反之当某种农产品供过于求时，其市场价格会下跌，生产者会减少生产，资源逐渐从该农产品转移至其他领域，最终实现市场的供需平衡。例如粮食价格的上涨会促使农民增加粮食作物的种植面积，进而提高粮食产量，缓解粮食短缺问题，价格机制通过自发调节供需关系，发挥着平衡市场的重要作用。

（二）供需调整机制的具体表现

供需调整机制是市场调节供需平衡的另一重要手段，供需调整机制包括市场主体对生产和消费行为的调整，以及市场外部条件的变化对供需关系的影响，市场主体通过对市场信号的敏感反应，及时调整生产计划和消费行为，促进供需平衡。例如农民在种植过程中会根据市场需求变化，调整种植结构和生产规模，以避免产能过剩或供给不足的问题，同时农业生产者还通过储备和调剂农产品，平衡市场供需。例如当市场需求旺盛时，释放库存农产品以稳定市场价格，当市场需求低迷时，增加库存以减少市场供应压力。此外供需调整机制还包括通过进出口贸易调节国内市场供需，例如在国内某种农产品供应紧张时，通过进口该农产品来补充市场供给，反之在国内供应过剩时，通过出口来减少库存，稳定市场价格，供需调整机制通过灵活应对市场变化，有效调节供需平衡。

（三）政府干预在市场调节中的必要性

尽管价格机制和供需调整机制在市场调节中发挥了重要作用，但由于农产品市场具有特殊性，如季节性、区域性和不确定性，单纯依靠市场自发调节难以实现完全的供需平衡。因此政府干预在市场调节中具有重要的必要性，政府通过制定和实施农业政策，调控农产品市场，保障供需平衡，例如政府通过农业补贴政策，支持农民生产，稳定农产品供给。通过价格支持政策，保护农民利益，防止价格大幅波动，通过储备调控政策，建立和管理农产品储备，调节市场供需。此外政府还通过市场监管政策，维护市场秩序，防止市场垄断和不正当竞争，确保市场供需平衡和公平竞争环境。政府干预通过宏观调控和政策支持，弥补市场调节的不足，实现农产品市场的稳定和可持续发展。

农产品市场供需平衡的实现依赖于价格机制、供需调整机制和政府干预的综合作用，价格机制通过市场信号，引导生产和消费行为，发挥自发调节作用，供需调整机制通过灵活应对市场变化，平衡供需关系。政府干预通过宏观调控和政策支持，弥补市场不足，保障市场稳定。在实际操作中，农产品市场的供需平衡需要各方共同努力，综合运用市场调节机制和政府调控手段，确保农产品的稳定供给和市场的健康发展。通过科学合理的市场调节机制，推动农业现代化，促进农业经济的可持续发展，最终实现农业的繁荣和人民的福祉。

四、农产品供求关系对经济发展的影响

农产品供求关系不仅仅是市场机制的表现，更是影响整个农业经济发展的核心因素，农产品的供给与需求直接影响市场价格、生产决策、资源配置等多个方面，进而对农业经济的发展产生深远影响。探讨农产品供求关系对经济发展的影响，不仅有助于理解市场规律，也为制定有效的农业政策、优化农业产业结构提供理论依据。通过对农产品供求关系的深入分析，更好地把握市场动态，促进农

业经济的持续健康发展。

（一）农产品供求关系对市场价格的影响

农产品供求关系对市场价格的影响是显著且直接的，在市场经济中，价格作为供需双方互动的结果，能真实反映市场的供需状况，当农产品供不应求时，市场价格会相应上涨，这种价格上涨不仅反映了农产品的稀缺性，还激励生产者增加产量，吸引更多资源投入该农产品的生产。例如在某一季节，由于自然灾害或病虫害导致某种农产品减产时，其市场价格通常会上升，从而刺激农民增加种植面积或改进生产技术，以弥补供给不足。相反当农产品供过于求时，市场价格则会下跌，生产者为了避免经济损失，会减少生产投入，甚至转向其他更有市场前景的农产品。

价格机制在调节农产品市场供需平衡中发挥着重要作用，通过价格信号，农民和农业企业能够及时调整生产计划和市场策略，避免供需失衡带来的经济损失。同时市场价格的波动也反映了农产品市场的健康状况，合理的价格机制能够有效地引导资源的优化配置，促进农业生产效率的提高和农产品质量的提升。此外市场价格的变化不仅影响农民的收入，也对消费者的购买行为产生影响，当农产品价格上涨时，消费者会减少购买量或寻找替代品，从而进一步影响市场供需关系。

（二）农产品供求关系对生产决策的影响

农产品供求关系对生产决策有着直接的导向作用，农民和农业企业在进行生产决策时，通常会根据市场供求关系调整生产计划，例如当某种农产品的市场需求增加、价格上涨时，农民会扩大种植面积，增加生产投入，提升产量，以满足市场需求。反之当市场需求减少、价格下跌时，农民会减少生产，避免产能过剩和经济损失，此外农产品供求关系还影响生产者对种植结构和技术的选择，例如在市场需求多样化的背景下，农民会根据不同农产品的市场前景，调整种植结构，选择高附加值的农产品进行生产。同时供求关系的变化也促使生产者采用先进的农业技术和管理模式，提高生产效率和产品质量，以增强市场竞争力。农产品供求关系通过影响生产决策，推动农业生产方式的转变和优化，促进农业经济的发展。

（三）农产品供求关系对资源配置的影响

农产品供求关系对资源配置的影响是农业经济发展的关键因素之一，在市场经济条件下，资源配置是通过市场机制来实现的，农产品供求关系直接影响资源的流动和分配。例如当某种农产品供不应求时，市场价格上涨，吸引更多的资金、劳动力和土地资源投入该农产品的生产，形成资源向供给不足领域的流动，反之当某种农产品供过于求时，市场价格下降，资源会从该农产品生产领域流出，转向其他具有更高市场需求和价格的领域。这种资源配置机制有助于实现农业资源的优化配置，提高农业生产的整体效率，此外农产品供求关系还影响农业基础设施的建设和农业科技的投入。例如市场需求旺盛的农产品领域，通常会吸引更多的基础设施投资和科技研发投入，从而促进农业生产条件的改善和技术水平的提升。通过优化资源配置，农产品供求关系推动农业生产能力的提升和农业经济的可持续发展。

农产品供求关系对经济发展的影响主要体现在市场价格、生产决策和资源配置等方面，农产品供求关系通过价格机制，影响市场价格的波动，进而影响农民的收入和农业生产的稳定性。通过生产决策，导向生产者的种植结构和技术选择，推动农业生产方式的转变和优化，通过资源配置，引导资源的流动和分配，提高农业生产的整体效率。理解和把握农产品供求关系对于制定有效的农业政策、优化农业产业结构、促进农业经济的可持续发展具有重要意义。在实际操作中，政府和农业生产者需要密切关注市场供求关系的变化，合理利用市场机制和政策工具，促进农产品市场的供需平衡，推动农业现代化进程，实现农业经济的繁荣和进步。通过综合运用市场调节和政策干预手段，确保农产品市场的稳定运行，为农业经济的可持续发展提供有力保障。

第二节　农产品价格形成与现货市场

一、农产品价格形成机制

农产品价格形成机制是理解农产品市场运行的关键环节，农产品价格的形成受多种因素影响，包括供求关系、生产成本、市场竞争、政策调控等。因素相互作用，共同决定了农产品的市场价格。研究农产品价格形成机制，不仅有助于预测市场价格走势，也为农业生产者、政策制定者提供重要参考，以实现市场的稳定运行和农业经济的可持续发展。

（一）供求关系对价格的决定作用

供求关系是农产品价格形成的基本决定因素，供给和需求的变化直接影响市场价格的波动，从而影响农民的收入和农业生产的稳定性，当市场上某种农产品的供给不足、需求旺盛时，价格会上涨。价格的上涨不仅反映了该农产品的稀缺性，也会激励生产者增加产量，例如在自然灾害或病虫害导致某种农产品减产的情况下，市场价格通常会上涨，生产者会因此扩大种植面积或增加生产投入，以弥补供给不足。相反当某种农产品供过于求、需求不足时，价格会下降，生产者为了避免经济损失，会减少该农产品的生产，甚至转向其他更有市场前景的农产品。这样供求关系通过价格机制，自发地调节市场供需平衡，确保市场的稳定运行，供求关系不仅影响短期价格波动，还对长期价格趋势产生重要影响。例如消费者偏好的变化、人口增长、收入水平的提高等都会导致农产品需求的变化，从而影响价格的长期走势。同时技术进步、生产效率的提高、政策支持等因素会影响农产品的供给能力，也会对价格产生长期影响。

（二）生产成本对价格的影响

生产成本是决定农产品价格的重要因素之一，生产成本包括种子、肥料、农药、劳动力、水电费、机械设备等各类投入成本，成本的高低直接影响农产品的最终价格。当生产成本上升时，生产者为了保证利润，会提高农产品的销售价格，例如种子和农药价格的上涨会导致农民生产成本增加，从而抬高农产品的市场价格，此外劳动力成本的变化也会显著影响农产品价格，尤其是在劳动力密集型的农业生产中，劳动力成本的上升会直接导致生产成本的增加。

此外能源价格的波动也是影响生产成本的重要因素之一，农业生产过程中需要大量的燃料和电力，能源价格的上涨会增加生产成本，进而推高农产品的价格，比如，燃料价格的上涨会增加农业机械的运行成本，电力价格的上涨会增加灌溉和加工成本。生产成本还包括间接成本，如土地租金、财务成本和管理成本等，间接成本的增加同样会对农产品价格产生压力。例如土地租金的上涨会增加农民的固定成本，导致农产品价格上升，财务成本的增加，如贷款利率的上升，会增加农民的融资成本，进而影响农产品的价格。

（三）市场竞争对价格的调节

市场竞争是调节农产品价格的重要机制，竞争环境中的生产者和销售者为争夺市场份额，通过价格、质量和服务等方面进行竞争，从而影响农产品的市场价格水平。在一个充分竞争的市场中，价格往往趋向于生产成本和合理利润的水平，这有助于防止垄断行为和价格操纵，保护消费者和生产者的利益。一是生产者之间的竞争会促使他们提高生产效率、降低生产成本，以提供更具价格竞争力的产品。例如在粮食市场中，不同农民和农业企业会通过采用先进的种植技术和管理模式，提高产量和质量，从而在市场上获得更大的竞争优势，这种竞争压力不仅推动了生产技术的进步，也有助于农产品价格的合理化。二是经销商之间的竞争也会对价格产生重要影响，为了吸引更多的消费者，农产品经销商会通过降低销售价格、提供促销活动和改进服务质量来提高市场占有率。特别是在零售市场上，超市和农贸市场的竞争能够直接影响农产品的终端价格，使得消费者能够享受到更低的价格和更好的服务。此外国际市场的竞争也会对国内农产品价格产生重要影响，随着全球化的发展，农产品的国际贸易日益频繁，国际市场价格的波动通过进出口渠道传导到国内市场。例如当国际市场上某种农产品价格下跌时，进口该农产品增加国内市场的供给，压低国内市场价格，反之当国际市场价格上涨时，出口该农产品减少国内市场供给，推高价格。

（四）政策调控对价格的影响

政策调控在农产品价格形成中扮演着至关重要的角色，政府通过一系列政策措施来干预和影响农产品市场价格，以保障市场的稳定和农民的利益，政策包括价格支持、农业补贴、进出口政策和储备调控等。一是价格支持政策是政府通过设定最低收购价格来保护农民的收入，防止市场价格过低而导致农民亏损，例如政府在粮食收购时设定最低价格，一旦市场价格低于这一水平，政府将按最低价格进行收购，从而保障农民的基本收益，此类政策能够有效地稳定农产品市场价格，防止价格大幅波动对农民收入造成的不利影响。二是农业补贴政策是政府通过直接补贴或间接补贴的方式，降低农民的生产成本，提高农产品的市场竞争力。例如政府向农民提供种子、化肥、农药等生产资料的补贴，或是直接向农民发放生产补贴，减轻他们的经济负担。补贴措施不仅有助于提高农民的生产积极性，还能在一定程度上稳定市场供给，从而对农产品价格产生调控作用。

进出口政策也是调控农产品价格的重要手段，通过调节农产品的进出口，政府平衡国内市场的供需关系，稳定市场价格，当国内市场供给不足、价格上涨时，政府放宽进口限制，增加进口量，平抑价格。反之当供给过剩、价格下跌时，政府限制出口或增加出口补贴，减少国内供给，稳定价格。此外储备调控政策是通过建立国家或地方农产品储备，在市场供需失衡时进行调节，例如当市场供给不足时，政府释放储备农产品，增加市场供给，稳定价格，而当市场供给过剩时，政府收购农产品进行储备，减少市场供给，防止价格下跌。

农产品价格形成机制是多种因素综合作用的结果，供求关系作为基础因素，通过价格信号调节市场供需平衡，生产成本作为直接因素，通过影响供给端成本，间接决定市场价格。市场竞争作为调节机制，通过竞争行为影响价格水平，政府政策作为调控手段，通过直接干预市场，稳定价格波动，理解因素的相互作用，有助于更好地把握农产品价格的形成规律，为农业生产和市场调控提供理论支持和实践指导。在实际操作中，农业生产者需要关注市场供求变化，合理控制生产成本，提高市场竞争力。政府需要科学制定和实施农业政策，维护市场稳定，保障农产品价格的合理性和稳定性，从而促进农业经济的健康可持续发展。

二、现货市场的运行原理

现货市场是农产品交易的重要平台，通过即时交割的方式实现农产品的买卖，理解现货市场的运行原理，有助于优化农产品的流通，提高市场效率，促进供需平衡，从而推动农业现代化和经济发展。现货市场的运行原理包括市场主体的行为、价格形成机制和交易方式的规范，因素相互作用，共同保证了现货市场的有效运行。

（一）市场主体的行为

现货市场的运行离不开市场主体的参与，包括生产者、经销商和消费者等不同角色，各市场主体通过各自的行为，推动市场的正常运转，形成了现货市场的基本结构和功能。一是生产者是现货市场的供给方，他们根据市场需求和价格信号，调整生产计划，决定农产品的种植和生产规模，生产者的行为直接影响市场的供给量和价格水平。例如当某种农产品的市场需求旺盛、价格上涨时，生产者会扩大种植面积或增加生产投入，以满足市场需求，相反当市场需求减少、价格下跌时，生产者会减少生产，以避免经济损失，生产者的行为受市场价格、成本投入和政策支持等多方面因素的影响。二是经销商作为中间环节，负责农产品的流通和销售，他们通过收购、储存、运输和销售等环节，将农产品从生产者手中转移到消费者手中，经销商的行为对市场价格和供需平衡起到调节作用。例如当市场上某种农产品供不应求时，经销商通过调整库存和加快流通速度，增加市场供给，稳定价格，当供过于求时，经销商通过储存和减少进货，调节市场供给，防止价格大幅波动。经销商的行为受市场信息、库存管理和物流能力等因素的影响。最后消费者是现货市场的需求方，他们根据个人需求和市场价格，做出购买决策，消费者的行为直接影响市场的需求量和价格水平。例如当某种农产品价格较低时，消费者增加购买量，刺激需求，当价格较高时，消费者减少购买量或选择替代品，降低需求。消费者的行为受收入水平、消费习惯和市场预期等因素的影响，市场主体的行为通过供需互动和价格信号，形成了现货市场的基本运行机制，各主体在市场中的合理决策和积极参与，是保证现货市场有效运行的重要基础。

（二）价格形成机制

现货市场的价格形成机制是市场运行的核心。农产品价格的形成受到供求关系、生产成本、市场竞争和政策调控等多种因素的综合影响，理解价格形成机制，有助于预测价格走势，优化生产和销售决策，促进市场的稳定和经济的发展。一是供求关系是价格形成的基本因素，当市场供给不足、需求旺盛时，价格会上涨，相反当供给过剩、需求不足时，价格会下降。供求关系通过价格机制，自发地调节市场供需平衡，例如在丰收年，农产品供给充足，价格会下降，生产者因此减少来年的种植面积，而在歉收年，供给减少，价格上升，生产者会增加种植以满足市场需求，这种价格变化的信号机制，有助于资源的合理配置，促进市场的自我调节和供需平衡。二是生产成本对价格形成有直接影响，生产成本包括种子、肥料、农药、劳动力、水电费、机械设备等各类投入成本。成本的高低直接影响农产品的最终价格，例如种子和农药价格的上涨会导致农民生产成本增加，从而抬高农产品的市场价格。此外劳动力成本的变化也会显著影响农产品价格，尤其是在劳动力密集型的农业生产中，劳动力成本的上升会直接导致生产成本的增加，市场竞争也是价格形成的重要机制。在一个充分竞争的市场中，价格往往趋向于生产成本和合理利润的水平，这有助于防止垄断行为和价格操纵，保护消费者和生产者的利益。生产者之间的竞争会促使他们提高生产效率、降低生产成本，以提供更具价格竞争力的产品，例如在粮食市场中，不同农民和农业企业会通过采用先进的种植技术和管理模式，提高产量和质量，从而在市场上获得更大的竞争优势。这种竞争压力不仅推动了生产技术的进步，也有助于农产品价格的合理化。最后政策调控对价格形成也有重要作用，政府通过一系列政策措施，如价格支持、农业补贴、进出口政策和储备调控等，干预和影响农产品市场价格，以保障市场的稳定和农民的利益。例如政府在粮食收购时设定最低价格，一旦市场价格低于这一水平，政府将按最低价格进行收购，从而保障农民的基本收益，此类政策能够有效地稳定农产品市场价格，防止价格大幅波动对农民收入造成的不利影响。

（三）交易方式的规范

现货市场的交易方式对市场运行的效率和透明度有重要影响，规范的交易方式能够保证交易的公平性、公开性和透明性，减少交易风险，提高市场效率，促进市场的健康发展。一是现货市场的交易方式包括拍卖、招标、挂牌交易等多种形式，拍卖是现货市场常用的交易方式，通过公开竞价，确定农产品的成交价格，拍卖方式的优点是价格公开透明，能够反映市场的真实供求关系，减少信息不对称和价格操纵的可能性。例如在农产品批发市场中，蔬菜、水果等农产品常采用拍卖方式进行交易，买卖双方通过公开竞价，形成合理的市场价格。招标是另一种常见的现货市场交易方式，适用于大宗农产品和长期合同的交易，通过招标，卖方发布招标公告，买方根据需求和市场价格提交投标，最终由卖方选择合适的投标者成交，招标方式的优点是交易过程规范透明，有助于买卖双方达成长期稳定的合作关系。例如粮食储备库的粮食采购和大型超市的农产品供应常采用招标方式进行交易，确保交易的公正和合同的履行，挂牌交易是指农产品在固定交易场所进行公开挂牌，买卖双方根据挂牌价格进行交易。挂牌交易的优点是交易方式灵活，交易成本低，适合中小农产品的日常交易，例如在农产品交易市场中，农民将自己的产品挂牌出售，买方根据需求和价格选择购买，交易过程简便高效。二是现货市场的交易方式需要有健全的法律法规和监管机制作为保障，政府和市场管理机构应制定和实施相关法律法规，规范市场交易行为，保护交易主体的合法权益。例如制定《农产品交易法》，明确市场交易的规则和程序，规定交易双方的权利和义务，防止欺诈和不正当竞争行为的发生。此外市场管理机构应加强市场监管，定期检查市场交易情况，发现和纠正市场违规行为，维护市场秩序和交易的公平性。最后信息化和电子化交易方式的发展，也在不断提升现货市场的交易效率和透明度，随着互联网和信息技术的普及，越来越多的现货市场采用电子交易平台，实现在线交易和信息共享。例如通过电子交易平台，买卖双方实时发布和获取市场信息，进行在线竞价和交易，减少了交易的时间和成本，提高了市场效率。信息化和电子化交易方式还能够通过数据分析和大数据应用，帮助市场主体做出更科学的决策，优化市场资源配置。

现货市场的运行原理包括市场主体的行为、价格形成机制和交易方式的规范，因素相互作用，共同保证了现货市场的有效运行，市场主体通过供需互动和价格信号，推动市场的正常运转。价格形成机制通过供求关系、生产成本、市场竞争和政策调控等多种因素的综合作用，决定市场价格，规范的交易方式通过拍卖、招标、挂牌交易等多种形式，保证了交易的公平性、公开性和透明性，减少交易风险，提高市场效率。理解现货市场的运行原理，有助于优化农产品的流通，提高市场效率，促进供需平衡，从而推动农业现代化和经济发展，在实际操作中，农民和农业企业需要积极参与现货市场，合理决策，优化生产和销售策略。政府和市场管理机构需要加强法律法规的制定和市场监管，推动信息化和电子化交易方式的发展，提升现货市场的交易水平和服务能力，实现农业经济的可持续发展。

三、价格波动的影响因素

农产品价格波动是市场经济中不可避免的现象，价格波动不仅直接影响农民的收入和消费者的支出，也对整个农业经济的稳定发展产生深远影响，理解价格波动的影响因素，帮助更好地预测价格变化趋势，制定有效的农业政策，优化农业生产决策，促进农产品市场的稳定。农产品价格波动的影响因素主要包括自然因素、市场因素和政策因素，下面将详细探讨因素对价格波动的具体影响。

（一）自然因素对价格波动的影响

自然因素是影响农产品价格波动的主要因素之一，农产品生产高度依赖自然环境，因此天气变化、自然灾害和气候变化等自然因素对农产品的供给产生重要影响，从而导致价格波动。例如干旱、洪涝、霜冻等极端天气事件会导致农作物减产，市场供给不足，从而推高农产品价格，相反适宜的天气条件提高农作物的产量，增加市场供给，从而压低农产品价格。气候变化也是影响农产品价格波动的重要因素，全球气候变暖导致的气候异常，如极端高温、降水模式变化等，对农作物的生长和收成产生不利影响。例如高温和干旱导致粮食减产，供给减少，从而引起价格上涨，气候变化还导致病虫害的频发，进一步影响农产品的供给和价格波动。此外自然灾害如地震、火山爆发等也会对农产品价格产生影响，灾害不仅直接破坏农业生产设施，还导致运输中断，影响农产品的市场流通。例如地震导致的道路破坏会阻碍农产品运输，导致供给短缺，从而推高价格，火山爆发释放的火山灰会覆盖农田，影响作物生长，减少供给，造成价格波动。

（二）市场因素对价格波动的影响

市场因素在农产品价格波动中起着重要作用，市场供求关系、投机行为和市场信息的不对称性是影响价格波动的主要市场因素。一是市场供求关系的变化是价格波动的根本原因，当某种农产品供过于求时，价格会下降，而当供不应求时，价格会上涨。例如在丰收年，农产品供给充足，价格会下降，而在歉收年，供给减少，价格会上涨，市场供求关系的变化通过价格机制，自发地调节市场供需平衡，确保市场的稳定运行。二是投机行为也是影响农产品价格波动的重要因素，投机者通过买卖农产品期货合约，以价格波动为基础获取利润，他们的行为加剧价格波动，尤其是在市场不确定性较大的情况下。例如当投机者预期某种农产品价格将上涨时，他们会大量买入期货合约，推高市场价格，相反当他们预期价格将下跌时，会大量抛售期货合约，导致价格下跌，投机行为通过影响市场预期，放大了价格波动的幅度。最后市场信息的不对称性也会导致价格波动，农产品市场的信息流通不完全，生产者和消费者对市场供求状况和价格变化的掌握不一致，导致价格的短期波动，例如农民对市场需求信息的掌握不充分，导致盲目扩大或减少生产，从而引起价格波动，信息的不对称性还被投机者利用，通过操纵市场信息，影响价格走势，获取投机利润。因此市场因素通过多种途径影响农产品价格的波动，为了应对市场因素的影响，农民和农业企业需要加强市场信息的获取和分析，提高市场预测能力，合理安排生产和销售计划。同时政府需要加强市场监管，防止投机行为对价格的过度影响，保障市场信息的公开透明，维护市场的公平和稳定。

（三）政策因素对价格波动的影响

政策因素在调节农产品价格波动中起着至关重要的作用，政府通过一系列政策措施来干预和影响农产品市场价格，以保障市场的稳定和农民的利益，主要的政策因素包括价格支持政策、农业补贴政策、进出口政策和储备调控政策。一是价格支持政策是政府通过设定最低收购价格来保护农民的收入，防止市场价格过低而导致农民亏损。例如政府在粮食收购时设定最低价格，一旦市场价格低于这一水平，政府将按最低价格进行收购，从而保障农民的基本收益，此类政策能够有效地稳定农产品市场价格，防止价格大幅波动对农民收入造成的不利影响。二是农业补贴政策是政府通过直接补贴或间接补贴的方式，降低农民的生产成本，提高农产品的市场竞争力。例如政府向农民提供种子、化肥、农药等生产资料的补贴，或是直接向农民发放生产补贴，减轻他们的经济负担。补贴措施不仅有助于提高农民的生产积极性，还能在一定程度上稳定市场供给，从而对农产品价格产生调控作用。

进出口政策也是调控农产品价格的重要手段，通过调节农产品的进出口，政府平衡国内市场的供需关系，稳定市场价格，当国内市场供给不足、价格上涨时，政府放宽进口限制，增加进口量，平抑价格。反之当供给过剩、价格下跌时，政府限制出口或增加出口补贴，减少国内供给，稳定价格，此外储备调控政策是通过建立国家或地方农产品储备，在市场供需失衡时进行调节，例如当市场供给不足时，政府释放储备农产品，增加市场供给，稳定价格。而当市场供给过剩时，政府收购农产品进行储备，减少市场供给，防止价格下跌，这种储备调控机制不仅能够应对市场波动，还能在突发事件发生时保障市场供给稳定价格。

农产品价格波动的影响因素主要包括自然因素、市场因素和政策因素，自然因素通过影响农产品的生产和供给，直接导致市场供求关系的变化，从而引起价格波动，市场因素通过供求关系、投机行为和信息不对称等途径，影响价格的波动幅度和频率。政策因素通过政府的干预和调控，稳定市场价格，保障农民利益，促进市场的稳定运行，理解影响因素的作用机制，帮助农民和农业企业更好地应对价格波动，优化生产和销售决策。同时政府需要科学制定和实施农业政策，加强市场监管，维护市场的公平和稳定，确保农产品市场的健康发展，通过多方努力，能够实现农产品价格的合理波动，保障农业经济的可持续发展。

四、农产品价格政策及其效果

农产品价格政策是政府为稳定市场、保障农民收入、促进农业发展而采取的一系列措施，政策旨在通过价格调控，确保农产品市场的稳定运行，避免价格的剧烈波动对农业生产和农民生活造成不利影响。理解和评估政策的效果，为政策制定者提供参考，优化政策设计，提升政策实施效果，推动农业现代化和经济发展。农产品价格政策主要包括价格支持政策、农业补贴政策、进出口政策、储备调控政策和市场监管政策，下面将详细探讨政策及其效果。

（一）价格支持政策

价格支持政策是政府通过设定最低收购价格，保障农民基本收入，防止市场价格过低而导致农民亏损的一种措施，价格支持政策的实施主要体现在粮食、棉花等大宗农产品的收购过程中。一是价格支持政策有助于稳定农产品市场价格，防止价格大幅波动对农民收入造成不利影响，例如在粮食市场中，当市场价格低于政府设定的最低收购价格时，政府通过国家粮食储备库等机构，以最低价格收购农民的粮食，保障农民的基本收益。此举有效避免市场价格过低导致的农民减产或弃耕现象，维持农产品供给的稳定。二是价格支持政策能够增强农民的生产积极性，提高农业生产的稳定性和可持续性，稳定的价格预期使农民能够在生产过程中更加积极投入，提升农产品的产量和质量。例如在棉花生产中，政府设定最低收购价格，保障农民收益，使得农民能够持续种植棉花，保持产量稳定，避免因价格波动导致的生产不稳定。然而价格支持政策也存在一些问题和挑战。价格支持政策导致市场价格扭曲，影响市场的供需平衡。例如当政府设定的最低收购价格高于市场均衡价格时，导致市场供给过剩，增加政府的财政负担，使价格支持政策引发农民对政府补贴的依赖，降低市场竞争力和生产效率。

（二）农业补贴政策

农业补贴政策是政府通过向农民提供直接或间接的经济支持，降低生产成本，提高农产品市场竞争力的一种措施，农业补贴政策包括生产补贴、种子补贴、化肥补贴、农机补贴等多种形式。一是农业补贴政策有助于降低农民的生产成本，提高农业生产的效率和竞争力，例如政府向农民提供种子和化肥补贴，减轻农民的经济负担，使其能够购买优质的种子和肥料，提高作物的产量和质量。农机补贴政策则鼓励农民购买和使用现代农业机械，提高生产效率，降低劳动强度，促进农业现代化。二是农业补贴政策能够增加农民的收入，改善农村生活条件，促进农村经济发展，通过直接补贴，政府在市场价格较低时，补偿农民的部分损失，保障其基本生活需要，例如在粮食生产中，政府在市场价格低迷时向农民发放生产补贴，维持其基本收入水平，稳定农业生产。然而农业补贴政策也存在一些问题和挑战，农业补贴政策导致财政负担过重，影响政府的财政健康，例如长期的大规模补贴增加政府的财政压力，削弱其他公共服务的投入能力。农业补贴政策导致农民对补贴的过度依赖，降低生产效率和市场竞争力，影响农业的可持续发展。

（三）进出口政策

进出口政策是政府通过调节农产品的进出口，平衡国内市场供需关系，稳定市场价格的一种措施，进出口政策包括进出口关税、进口配额、出口补贴等多种形式。一是进出口政策有助于平衡国内市场的供需关系，稳定农产品市场价格，例如当国内市场供给不足、价格上涨时，政府降低进口关税，增加进口量，平抑价格，反之当国内市场供给过剩、价格下跌时，政府限制出口或增加出口补贴，减少国内供给，稳定价格。例如在大豆市场中，政府通过调节进口关税和进口配额，平衡国内市场供需关系，稳定市场价格。二是进出口政策能够保护国内农业产业，增强国际市场竞争力，通过适当的关税和配额政策，政府保护国内农产品免受国际市场价格波动的冲击，保障国内农民的基本收入。例如在粮食市场中，政府通过设定进口配额，控制进口量，保护国内粮食生产，稳定农民收入，然而进出口政策也存在一些问题和挑战。进出口政策导致国际贸易摩擦，影响国家间的贸易关系，例如过度保护国内市场的政策引发其他国家的报复性措施，影响出口市场。进出口政策导致市场扭曲，影响市场的供需平衡，例如过度的进口限制导致国内市场供不应求，价格上涨，影响消费者利益。

（四）储备调控政策

储备调控政策是政府通过建立和管理农产品储备，在市场供需失衡时进行调节，以稳定市场价格的一种措施，储备调控政策主要体现在粮食、棉花等大宗农产品的储备和调控中。一是储备调控政策有助于应对市场供需失衡，稳定农产品市场价格，例如当市场供给不足时，政府释放储备农产品，增加市场供给，平抑价格。而当市场供给过剩时，政府收购农产品进行储备，减少市场供给，防止价格大幅下跌，例如在粮食市场中，政府通过国家粮食储备库进行储备调控，稳定市场价格。二是储备调控政策能够增强市场的稳定性和抗风险能力，通过建立农产品储备，政府在自然灾害、市场波动等突发事件发生时，及时调节市场供需，保障市场稳定。例如在自然灾害导致粮食减产时，政府通过释放储备粮食，保障市场供给，稳定价格，避免市场恐慌和价格飙升，然而储备调控政策也存在一些问题和挑战。储备调控政策导致财政负担过重，影响政府的财政健康，例如长期的大规模储备和调控增加政府的财政压力，削弱其他公共服务的投入能力。储备调控政策导致市场扭曲，影响市场的供需平衡，例如过度的储备和释放导致市场价格信号失真，影响市场的自我调节能力。

（五）市场监管政策

市场监管政策是政府通过法律法规和监管机制，规范市场交易行为，保护交易主体的合法权益，保障市场公平和稳定的一种措施，市场监管政策包括市场准入管理、交易行为监管、市场信息公开等多种形式。一是市场监管政策有助于规范市场交易行为，保护交易主体的合法权益，例如通过市场准入管理，政府规范农产品的生产、流通和销售，确保市场交易的公平和透明，通过交易行为监管，政府打击市场欺诈、操纵价格等不正当竞争行为，维护市场秩序，保护农民和消费者的合法权益。二是市场监管政策能够提升市场信息的公开透明度，减少信息不对称对市场价格的影响，通过建立和完善市场信息系统，政府实时发布农产品的供求信息、价格信息等，帮助市场主体做出合理决策，稳定市场预期。例如在农产品交易市场中，政府通过信息平台发布市场供求和价格信息，减少信息不对称，稳定市场价格。然而市场监管政策也存在一些问题和挑战。市场监管政策的实施需要强有力的监管机制和法律保障，但在一些地区，监管机制和法律体系不完善，影响了政策的实施效果。市场监管政策导致市场干预过度，影响市场的自我调节能力，例如过度的监管导致市场交易成本增加，抑制市场活力。

农产品价格政策主要包括价格支持政策、农业补贴政策、进出口政策、储备调控政策和市场监管政策，政策在稳定市场价格、保障农民收入、平衡市场供需和规范市场交易方面发挥了积极作用。理解和评估政策的效果，有助于优化政策设计，提升政策实施效果，推动农业现代化和经济发展。在实际操作中，政府需要科学制定和实施价格政策，防止政策的负面影响，确保政策的有效性和可持续性，为农产品市场的稳定运行和农业经济的可持续发展提供有力支持。

第三节　农产品市场营销

一、农产品市场营销策略

在现代农业经济中，市场营销是连接生产与消费的重要桥梁，有效的市场营销策略不仅能促进农产品销售，还能提升农产品的市场竞争力，增加农民收入，推动农业经济的发展。农产品市场营销策略包括产品策略、价格策略、渠道策略、促销策略和品牌策略等多个方面，通过科学制定和实施策略，能够优化农产品市场营销效果，实现农业经济的可持续发展。

（一）产品策略

产品策略是农产品市场营销的核心，涉及产品的种类、质量、包装和创新等多个方面。科学制定产品策略，有助于提升农产品的市场竞争力，满足消费者的多样化需求。一是产品种类的选择要符合市场需求，不同地区、不同消费群体对农产品的需求各不相同，生产者需要根据市场调研和消费者反馈，选择适销对路的农产品种类。例如在城市市场，绿色有机食品、无公害农产品备受青睐，而在农村市场，价格适中、经济实惠的农产品更具吸引力。二是产品质量是赢得市场的关键，高质量的农产品不仅能满足消费者的需求，还能提升产品的市场信誉和品牌价值，例如通过采用先进的种植技术、严格的质量控制和科学的管理方法，确保农产品的品质和安全性，赢得消费者的信任。政府和相关机构通过制定和实施农产品质量标准，加强质量监管，促进农产品质量的提升。再次产品包装也是产品策略的重要组成部分，精美的包装不仅能提升农产品的附加值，还能增强产品的市场吸引力，例如通过设计环保、实用、美观的包装，提升产品的视觉效果和用户体验，增加消费者的购买欲望。农民和农业企业应注重产品包装的设计和创新，不断提升产品的市场竞争力。最后产品创新是市场竞争的重要手段，通过产品创新，能够满足消费者的多样化需求，开拓新的市场空间。例如开发新型农产品品种、推出功能性食品、推广绿色有机食品等，提升产品的附加值和市场吸引力，农民和农业企业应注重产品创新，积极探索市场需求，不断推出符合消费者需求的新产品，增强市场竞争力。

（二）价格策略

价格策略是农产品市场营销的重要组成部分，通过科学合理的定价，能够提升农产品的市场竞争力，增加农民收入，制定价格策略需要综合考虑生产成本、市场需求、竞争状况和政策支持等多个因素。一是定价要考虑生产成本和合理利润，农产品的生产成本包括种子、肥料、农药、劳动力、水电费、机械设备等各类投入成本，在定价时，生产者需要综合考虑成本，确保定价能够覆盖成本并实现合理利润。例如在种植过程中，农民应合理控制成本，提高生产效率，以降低生产成本，提升价格竞争力，同时定价还要考虑到市场需求和消费者的支付能力，确保产品价格既能满足消费者的需求，又能实现合理的利润。二是价格策略要根据市场需求灵活调整，在市场经济中，供求关系是价格形成的基本因素，当市场供给不足、需求旺盛时，价格适当提高。相反当供给过剩、需求不足时，价格适当降低，例如在农产品丰收季节，市场供给充足，生产者通过降低价格，增加销量，减少库存，而在农产品供应紧张的季节，生产者通过提高价格，增加收益。因此生产者需要密切关注市场需求变化，灵活调整价格策略，提升市场竞争力，再次竞争策略是制定价格策略的重要参考，市场竞争是影响价格的重要因素，生产者需要根据市场竞争状况，制定合理的价格策略。例如在市场竞争激烈的情况下，生产者通过价格竞争，吸引消费者，增加市场份额，而在市场竞争较少的情况下，生产者通过差异化定价，提高产品的附加值和利润水平。因此生产者需要密切关注市场竞争状况，灵活运用价格策略，提升市场竞争力，最后政策支持对价格策略也有重要影响，政府通过价格支持、农业补贴等政策措施，影响农产品的市场价格。例如通过设定最低收购价格，保障农民的基本收益，通过发放生产补贴，降低生产成本，稳定市场价格，生产者在制定价格策略时，需要充分考虑政策支持的影响，合理利用政策资源，提升价格竞争力。

（三）渠道策略

渠道策略是农产品市场营销的关键环节，通过优化销售渠道，能够提升农产品的市场覆盖率，增加销售量和市场占有率，制定渠道策略需要综合考虑市场需求、销售网络、物流配送和合作伙伴等多个因素。一是销售渠道的选择要符合市场需求，不同的销售渠道适合不同的市场和消费者群体，生产者需要根据市场需求选择合适的销售渠道，例如在城市市场，超市、农贸市场、电商平台等渠道具有较高的市场覆盖率，适合销售高附加值的农产品。在农村市场，集市、合作社等渠道具有较强的市场渗透力，适合销售价格适中的农产品，因此生产者应根据市场需求，合理选择销售渠道，提高市场覆盖率和销售量。二是建设和维护销售网络是渠道策略的重要内容，通过建立健全的销售网络，能够提高农产品的市场渗透力和销售效率，例如农民和农业企业通过与超市、农贸市场、电商平台等建立合作关系，拓展销售渠道，增加销售量。建立和维护销售网络需要投入一定的人力、物力和财力，生产者应注重销售网络的建设和管理，不断优化销售渠道，提高市场竞争力。再次物流配送是渠道策略的重要环节，农产品具有鲜活、易腐的特点，对物流配送的要求较高，生产者需要建设和完善物流配送体系，提高物流配送效率，确保农产品的新鲜度和质量。例如通过冷链物流、快速配送等方式，减少农产品在运输过程中的损耗，提升产品的市场竞争力，物流配送体系的建设需要投入一定的资金和技术，生产者应注重物流配送体系的建设和管理，提高物流配送效率和服务质量。

（四）促销策略

促销策略是农产品市场营销的重要手段，通过有效的促销活动，能够提升农产品的市场知名度，增加销售量，促进市场占有率的提升，制定促销策略需要综合考虑市场需求、促销方式、促销成本和促销效果等多个因素。一是促销活动的设计要符合市场需求和消费者心理，不同的市场和消费者群体对促销活动的需求各不相同，生产者需要根据市场调研和消费者反馈，设计符合市场需求的促销活动，例如在城市市场，消费者对优惠券、打折促销、赠品等促销方式较为接受，生产者通过发放优惠券、开展打折促销活动，吸引消费者，增加销售量。在农村市场，消费者对价格优惠和实物赠品较为敏感，生产者通过价格优惠、赠送实物等方式，刺激消费，增加销量，因此生产者应根据市场需求，合理设计促销活动，提升促销效果。二是促销方式的选择要多样化和灵活化，不同的促销方式适合不同的市场环境和销售渠道，生产者需要根据实际情况选择合适的促销方式，例如通过广告宣传、现场促销、网络推广、社交媒体等多种方式，提升农产品的市场知名度和消费者关注度。生产者应根据市场环境和销售渠道，灵活运用多种促销方式，提高促销效果，增加销售量，再次促销成本的控制是促销策略的重要内容，促销活动需要投入一定的人力、物力和财力，生产者应合理控制促销成本，确保促销活动的经济效益。例如通过科学预算、精细管理，降低促销活动的成本，提高促销活动的效益，生产者应注重促销成本的控制和管理，提高促销活动的经济效益和市场效果。最后促销效果的评估和反馈是促销策略的重要环节，通过评估和反馈，能够了解促销活动的效果，总结经验，优化促销策略，例如通过数据分析和市场调研，了解促销活动对销售量、市场占有率、品牌知名度等的影响，及时调整和优化促销策略，提高促销活动的效果。生产者应注重促销效果的评估和反馈，不断优化促销策略，提升促销效果和市场竞争力。

（五）品牌策略

品牌策略是农产品市场营销的重要组成部分，通过品牌建设，能够提升农产品的市场竞争力和附加值，增强消费者的购买信心和忠诚度，制定品牌策略需要综合考虑品牌定位、品牌形象、品牌推广和品牌维护等多个方面。一是品牌定位是品牌策略的基础，品牌定位要明确品牌的市场定位、目标消费者和核心价值，例如有机食品定位为高端、健康、环保的产品，目标消费者为城市中高收入人群。无公害农产品定位为安全、优质、实惠的产品，目标消费者为普通消费者，明确的品牌定位能够帮助生产者在市场中树立清晰的品牌形象，吸引目标消费者，提高市场竞争力。二是品牌形象是品牌策略的重要内容，通过塑造良好的品牌形象，能够提升品牌的市场认知度和美誉度，例如通过设计独特的品牌标识、包装和广告语，塑造品牌的视觉形象和文化内涵。通过加强质量控制和售后服务，提升品牌的信誉和消费者满意度，生产者应注重品牌形象的塑造和提升，不断优化品牌形象，提高市场竞争力，最后品牌维护是品牌策略的重要环节。通过持续的品牌维护，能够保持品牌的市场竞争力和消费者忠诚度，例如通过持续提升产品质量和服务水平，维护品牌的信誉和消费者满意度。通过及时回应消费者反馈和市场变化，保持品牌的市场适应性和创新性，生产者应注重品牌的持续维护和管理，不断提升品牌的市场竞争力和消费者忠诚度。

农产品市场营销策略包括产品策略、价格策略、渠道策略、促销策略和品牌策略等多个方面，策略在提升农产品的市场竞争力、增加销售量、提高市场占有率和附加值方面发挥了积极作用。理解和科学制定策略，有助于优化农产品市场营销效果，实现农业经济的可持续发展。在实际操作中，生产者需要综合考虑市场需求、生产成本、销售渠道、促销方式和品牌建设等因素，科学制定和实施市场营销策略，提升市场竞争力和经济效益，为农业经济的发展提供有力支持。

二、品牌建设与市场推广

在现代农业经济中，品牌建设与市场推广是提升农产品市场竞争力和附加值的重要手段，通过有效的品牌建设，能够树立农产品的良好形象，增强消费者的信任和忠诚度。通过科学的市场推广，能够扩大品牌影响力，提高市场占有率，品牌建设与市场推广相辅相成，共同促进农产品市场的发展，实现农业经济的可持续发展。

（一）品牌定位与品牌形象

品牌定位是品牌建设的基础，决定了品牌在市场中的地位和目标消费者，科学的品牌定位需要明确品牌的核心价值、市场定位和目标消费者群体，品牌形象是品牌定立的具体表现，通过品牌标识、包装设计、广告宣传等方式，塑造品牌的视觉形象和文化内涵。一是品牌定位要明确核心价值和市场定位，例如有机农产品定位为健康、环保、高端的产品，目标消费者为注重健康和环境保护的中高收入人群，而无公害农产品定位为安全、优质、实惠的产品，目标消费者为普通大众。明确的品牌定位有助于在市场中树立清晰的品牌形象，吸引目标消费者，提升品牌竞争力。二是品牌形象的塑造要符合品牌定位，通过独特的品牌标识、包装设计和广告语，形成一致的视觉形象和文化内涵，例如绿色有机食品采用绿色、环保的包装设计，传递健康和环保的品牌理念。通过设计独特的品牌标识和广告语，增强品牌的记忆点和识别度，此外品牌形象的塑造还需要通过广告宣传、公共关系活动等方式，提升品牌的市场认知度和美誉度。最后品牌形象的维护是品牌建设的重要环节，通过持续提升产品质量和服务水平，维护品牌的信誉和消费者满意度。通过及时回应消费者反馈和市场变化，保持品牌的市场适应性和创新性，例如通过定期进行市场调研和消费者满意度调查，了解消费者需求和市场变化，及时调整品牌策略，提升品牌形象和市场竞争力。

（二）品牌推广与市场宣传

品牌推广是品牌建设的重要手段，通过多种方式进行品牌推广，能够提升品牌的市场知名度和影响力，增加销售量和市场占有率，科学的品牌推广策略需要综合考虑市场需求、推广方式和推广效果等因素。一是品牌推广要符合市场需求和消费者心理，不同的市场和消费者群体对品牌推广的需求各不相同，生产者需要根据市场调研和消费者反馈，设计符合市场需求的品牌推广活动。例如在城市市场，消费者对网络广告、社交媒体宣传、现场促销等方式较为接受，生产者通过网络广告、社交媒体宣传、现场促销等方式，提升品牌知名度，增加销售量。在农村市场，消费者对传统媒体广告、口碑宣传、社区活动等方式较为敏感，生产者通过传统媒体广告、口碑宣传、社区活动等方式，扩大品牌影响力，增加市场占有率。二是品牌推广方式要多样化和灵活化，不同的品牌推广方式适合不同的市场环境和销售渠道，生产者需要根据实际情况选择合适的品牌推广方式，例如通过网络广告、社交媒体宣传、现场促销、展会活动等多种方式，进行品牌推广，提升品牌的市场知名度和影响力。生产者应根据市场环境和销售渠道，灵活运用多种品牌推广方式，提高品牌推广效果，增加销售量和市场占有率。最后品牌推广效果的评估和反馈是品牌推广的重要环节，通过评估和反馈，能够了解品牌推广活动的效果，总结经验，优化品牌推广策略，例如通过数据分析和市场调研，了解品牌推广活动对销售量、市场占有率、品牌知名度等的影响，及时调整和优化品牌推广策略，提高品牌推广效果。生产者应注重品牌推广效果的评估和反馈，不断优化品牌推广策略，提升品牌推广效果和市场竞争力。

（三）品牌维护与品牌忠诚

品牌维护是品牌建设的重要环节，通过持续的品牌维护，能够保持品牌的市场竞争力和消费者忠诚度，提升品牌的长期价值，科学的品牌维护策略需要综合考虑品牌质量、品牌服务和品牌管理等多个方面。一是品牌质量是品牌维护的基础，高质量的产品是品牌信誉和市场竞争力的保证，生产者需要通过严格的质量控制和科学的管理方法，确保品牌的产品质量和安全性，例如通过采用先进的生产技术和质量管理体系，确保产品的品质和一致性。通过定期进行质量检测和监控，确保产品的安全性和可靠性，高质量的产品能够赢得消费者的信任和忠诚，提升品牌的市场竞争力和长期价值。二是品牌服务是品牌维护的重要内容，优质的品牌服务能够提升消费者的满意度和忠诚度，增强品牌的市场吸引力和竞争力，例如通过提供周到的售前、售中和售后服务，解决消费者在购买和使用过程中遇到的问题，提升消费者的购买体验和满意度。通过建立完善的客户服务体系和反馈机制，及时回应消费者的需求和建议，提升品牌的服务水平和市场竞争力，优质的品牌服务能够增强消费者的品牌忠诚度，提升品牌的市场竞争力和长期价值。最后品牌管理是品牌维护的重要手段，通过科学的品牌管理，能够提升品牌的市场适应性和创新性，保持品牌的市场竞争力和长期价值。例如通过定期进行市场调研和消费者满意度调查，了解市场变化和消费者需求，及时调整和优化品牌策略，提升品牌的市场适应性，通过持续进行品牌创新，推出符合市场需求的新产品和新服务，提升品牌的创新能力和市场竞争力。科学的品牌管理能够提升品牌的市场适应性和创新性，保持品牌的市场竞争力和长期价值。

品牌建设与市场推广是提升农产品市场竞争力和附加值的重要手段，科学的品牌定位和品牌形象的塑造与维护，是品牌建设的基础，科学制定和实施品牌推广策略，能够提升品牌的市场知名度和影响力。科学的品牌维护策略，能够保持品牌的市场竞争力和消费者忠诚度，提升品牌的长期价值，理解和科学制定策略，有助于优化品牌建设和市场推广效果，实现农业经济的可持续发展。在实际操作中，生产者需要综合考虑品牌定位、品牌形象、品牌推广和品牌维护等因素，科学制定和实施品牌建设与市场推广策略，提升品牌的市场竞争力和经济效益，为农业经济的发展提供有力支持。

三、电子商务与农产品营销

在现代信息技术迅猛发展的背景下，电子商务成为农产品市场营销的重要途径，电子商务通过互联网平台，实现农产品的在线销售和推广，不仅拓宽了农产品的销售渠道，还提升了市场效率和透明度，减少了流通环节的成本。理解电子商务在农产品营销中的应用，有助于优化农产品的市场策略，提升农产品的市场竞争力，促进农业经济的可持续发展。

（一）电子商务平台的选择与建设

电子商务平台是农产品在线销售的基础，选择和建设合适的平台对于农产品营销至关重要，生产者需要根据自身的产品特点和市场需求，选择合适的电子商务平台，并进行平台的建设和维护。一是选择合适的电子商务平台需要综合考虑平台的用户群体、服务功能和市场影响力，不同的平台有不同的用户群体和服务特点，生产者需要根据自身的产品定位和目标市场，选择合适的平台，例如针对高端有机食品，选择一些专注于高端市场的电子商务平台。而针对大众化的农产品，选择用户基础广泛的综合性平台，选择合适的平台有助于提升产品的曝光度和销售量，扩大市场份额。二是建设和维护电子商务平台是保证销售顺利进行的重要环节，生产者需要投入一定的资源进行平台的建设，包括产品信息的完善、图片和视频的拍摄、库存管理系统的建立等。例如通过高清图片和详细的产品描述，让消费者全面了解产品，提高购买欲望，通过完善的库存管理系统，确保产品供应的及时性和稳定性，避免缺货或库存积压的问题。平台的维护也同样重要，生产者需要定期更新产品信息、处理订单、回应客户咨询，保证平台的正常运行和良好的用户体验，最后电子商务平台的选择和建设还需要注重用户数据的分析和利用。通过数据分析，生产者了解用户的购买行为和偏好，优化产品和服务，例如通过分析用户的浏览和购买记录，了解哪些产品最受欢迎，哪些产品的销售存在问题，从而进行针对性的调整和改进。通过用户反馈，了解用户对产品和服务的满意度，及时解决用户问题，提升用户体验，数据分析的有效利用能够提升平台的运营效果，增加销售量和用户满意度。

（二）电子商务营销策略

电子商务营销策略是提升农产品在线销售效果的重要手段，通过科学的营销策略，能够提高产品的曝光度和销售量，增强市场竞争力，制定电子商务营销策略需要综合考虑市场需求、推广方式和营销效果等多个因素。一是电子商务营销策略要符合市场需求和消费者心理，不同的市场和消费者群体对电子商务营销的需求各不相同，生产者需要根据市场调研和消费者反馈，设计符合市场需求的营销活动。例如通过大数据分析了解消费者的购买习惯和偏好，针对性地推出优惠活动和促销产品，吸引消费者购买。通过社交媒体互动，提升品牌的亲和力和用户参与度，增加消费者的信任和忠诚度，因此生产者应根据市场需求，灵活设计营销活动，提高营销效果。二是电子商务营销方式要多样化和灵活化，不同的营销方式适合不同的市场环境和销售渠道，生产者需要根据实际情况选择合适的营销方式，例如通过搜索引擎优化（SEO）、搜索引擎营销（SEM）、社交媒体广告、内容营销等多种方式，提升产品的曝光度和点击率。通过电子邮件营销、短信营销、会员优惠等方式，增加用户的购买频率和粘性，生产者应根据市场环境和销售渠道，灵活运用多种营销方式，提高营销效果，增加销售量。最后电子商务营销效果的评估和反馈是营销策略的重要环节，通过评估和反馈，能够了解营销活动的效果，总结经验，优化营销策略，例如通过数据分析和市场调研，了解营销活动对销售量、市场占有率、用户转化率等的影响，及时调整和优化营销策略，提高营销效果。生产者应注重营销效果的评估和反馈，不断优化营销策略，提升营销效果和市场竞争力。

（三）电子商务与供应链管理

电子商务与供应链管理是实现农产品在线销售和推广的重要保障，通过科学的供应链管理，能够提升物流配送效率，确保产品的质量和新鲜度，增强用户的购买体验，优化电子商务供应链管理需要综合考虑物流配送、库存管理和售后服务等多个方面。一是物流配送是电子商务供应链管理的核心环节，农产品具有鲜活、易腐的特点，对物流配送的要求较高，生产者需要建设和完善物流配送体系，提高物流配送效率。例如通过冷链物流、快速配送等方式，减少农产品在运输过程中的损耗，确保产品的新鲜度和质量，通过与专业的物流公司合作，提高物流配送的专业性和服务质量，增强用户的购买体验。物流配送体系的建设需要投入一定的资金和技术，生产者应注重物流配送体系的建设和管理，提高物流配送效率和服务质量。二是库存管理是电子商务供应链管理的重要内容，通过科学的库存管理，能够确保产品供应的及时性和稳定性，避免缺货或库存积压的问题，例如通过建立完善的库存管理系统，实时监控库存情况，及时进行补货和调配，确保产品的持续供应。通过数据分析，了解产品的销售趋势和库存周转率，合理控制库存水平，提高库存管理效率，库存管理系统的建设需要投入一定的资源，生产者应注重库存管理系统的建设和优化，提高库存管理效率和服务质量。最后售后服务是电子商务供应链管理的重要环节，优质的售后服务能够提升用户的满意度和忠诚度，增强品牌的市场竞争力和用户粘性，例如通过建立完善的售后服务体系，提供快捷、便利的退换货服务，解决用户在购买和使用过程中遇到的问题，提升用户的购买体验。通过定期进行用户回访和满意度调查，了解用户的需求和反馈，及时进行改进和优化，提升售后服务水平和用户满意度，生产者应注重售后服务体系的建设和管理，不断提升售后服务水平，增强品牌的市场竞争力和用户粘性。

电子商务与农产品营销是提升农产品市场竞争力和附加值的重要途径，选择和建设合适的电子商务平台，是实现农产品在线销售和推广的基础，科学制定和实施电子商务营销策略，能够提升产品的曝光度和销售量，增强市场竞争力。科学的供应链管理，是实现农产品在线销售和推广的重要保障，理解和科学制定策略，有助于优化电子商务与农产品营销效果，实现农业经济的可持续发展。在实际操作中，生产者需要综合考虑电子商务平台、营销策略和供应链管理等因素，科学制定和实施电子商务与农产品营销策略，提升市场竞争力和经济效益，为农业经济的发展提供有力支持。

四、农产品营销渠道与管理

农产品营销渠道的选择与管理是实现农产品高效流通和销售的重要环节，有效的营销渠道能够缩短农产品从生产者到消费者的路径，降低流通成本，提升市场效率和竞争力。科学的渠道管理则能够确保营销渠道的顺畅运行，提高销售量和市场覆盖率，增强农产品的市场竞争力和附加值，将探讨农产品营销渠道的选择、多渠道的协同运作以及渠道管理的策略，帮助生产者优化农产品营销，实现农业经济的可持续发展。

（一）农产品营销渠道的选择

选择合适的营销渠道是确保农产品顺畅流通和销售的关键，不同的营销渠道有各自的优势和适用范围，生产者需要根据自身的产品特点和市场需求，科学选择营销渠道，以实现最佳的销售效果。一是传统渠道在农产品营销中仍占有重要地位，传统渠道包括农贸市场、批发市场和零售市场等，渠道覆盖面广，能够直接面对大量消费者，适合大规模生产和销售的农产品。例如农贸市场适合新鲜蔬菜、水果等日常消费的农产品，通过直接面对消费者，能够快速销售，减少库存积压。批发市场适合大宗农产品的交易，通过集中交易，能够实现规模效应，降低交易成本，生产者根据产品的种类和市场需求，选择适合的传统渠道，提升销售效率和市场覆盖率。二是现代渠道为农产品营销带来了新的机遇，现代渠道包括超市、连锁店和专卖店等，渠道通过标准化的管理和服务，能够提升农产品的品质和形象，增加消费者的信任度和忠诚度。例如超市通过严格的质量控制和品牌建设，能够为消费者提供高品质的农产品，增强市场竞争力，连锁店和专卖店通过统一的品牌形象和服务标准，能够提升农产品的市场认知度和美誉度。生产者通过与现代渠道的合作，提升产品的附加值和市场竞争力。最后电子商务渠道为农产品营销开辟了新的路径，电子商务渠道包括电商平台、社交电商和直播带货等，渠道通过互联网平台，实现农产品的在线销售和推广，能够突破时间和空间的限制，扩大市场覆盖范围，提升销售量和市场份额。例如通过电商平台，生产者直接面对全国甚至全球的消费者，增加销售渠道和市场机会，通过社交电商和直播带货，生产者通过互动和宣传，提升产品的曝光度和购买转化率。生产者应充分利用电子商务渠道的优势，拓展销售渠道，提升市场竞争力。

（二）多渠道的协同运作

在现代农产品市场营销中，单一渠道往往难以满足市场的多样化需求，多渠道的协同运作能够充分发挥各渠道的优势，实现资源的优化配置和市场的最大覆盖，提升农产品的销售效果和市场竞争力，科学的多渠道协同运作需要综合考虑渠道的互补性、协调性和整合性。一是多渠道的互补性是实现协同运作的基础，不同渠道有各自的优势和特点，生产者需要根据优势和特点，选择互补的渠道组合，以实现资源的优化配置，例如传统渠道具有覆盖面广、交易量大的优势，适合大宗农产品的销售。现代渠道具有质量控制严格、品牌形象好的优势，适合高附加值农产品的销售，电子商务渠道具有突破时间和空间限制、互动性强的优势，适合各类农产品的在线销售，通过选择互补的渠道组合，生产者能够充分发挥各渠道的优势，提升销售效果和市场竞争力。二是多渠道的协调性是实现协同运作的关键，不同渠道在运作过程中需要相互配合和协调，避免渠道间的冲突和竞争，确保营销策略的一致性和协调性。例如通过统一的品牌形象和营销策略，在不同渠道间保持一致的产品定位和价格政策，避免消费者在不同渠道间的价格差异和服务体验差异。通过信息系统的集成和共享，实现渠道间的信息互通和资源共享，提升供应链的整体效率和服务水平，生产者需要注重多渠道的协调和配合，确保渠道间的协同运作，提升整体营销效果。最后多渠道的整合性是实现协同运作的保障，通过多渠道的整合，能够实现渠道资源的优化配置和市场的最大覆盖，提升农产品的销售效果和市场竞争力，例如通过建立多渠道的综合管理平台，实现渠道间的订单管理、库存管理和物流配送的统一调度，提升供应链的整体效率和服务水平。通过多渠道的联合促销和市场推广，提升品牌的市场知名度和影响力，增加销售量和市场占有率，生产者需要注重多渠道的整合和管理，确保渠道资源的优化配置和市场的最大覆盖，提升整体营销效果和市场竞争力。

（三）渠道管理的策略

渠道管理是确保农产品营销渠道顺畅运行和高效运作的重要环节，科学的渠道管理策略能够提升渠道的运营效率和服务水平，确保产品的及时供应和市场的稳定，增强农产品的市场竞争力和附加值，制定渠道管理策略需要综合考虑渠道选择、渠道维护和渠道激励等多个方面。一是渠道选择是渠道管理的基础，生产者需要根据自身的产品特点和市场需求，科学选择和优化营销渠道，以实现最佳的销售效果。例如通过市场调研和数据分析，了解不同渠道的市场覆盖率、销售能力和服务水平，选择适合的渠道进行合作，通过与渠道商的谈判和合作协议，明确双方的权利和义务，确保合作的顺畅和稳定。科学的渠道选择能够提升渠道的运营效率和服务水平，确保产品的及时供应和市场的稳定。二是渠道维护是渠道管理的重要内容，通过持续的渠道维护，能够保持渠道的顺畅运行和高效运作，提升渠道的运营效率和服务水平，例如通过定期进行渠道商的培训和指导，提升其业务能力和服务水平。通过定期进行渠道的评估和反馈，了解渠道的运营情况和问题，及时进行调整和改进，通过建立渠道的沟通和协作机制，确保信息的及时传递和资源的有效共享，科学的渠道维护能够保持渠道的顺畅运行和高效运作，提升渠道的运营效率和服务水平。最后渠道激励是渠道管理的重要手段，通过有效的渠道激励，能够提升渠道商的积极性和忠诚度，增强渠道的市场竞争力和附加值。例如通过制定渠道激励政策，给予优秀的渠道商一定的奖励和优惠，提升其销售积极性和市场竞争力，通过建立渠道商的评价和激励机制，定期评估渠道商的业绩和服务水平，给予一定的激励和奖励，提升其业务能力和服务水平。通过组织渠道商的培训和交流活动，提升其业务能力和市场适应性，增强其市场竞争力和附加值，科学的渠道激励能够提升渠道商的积极性和忠诚度，增强渠道的市场竞争力和附加值。

农产品营销渠道的选择与管理是实现农产品高效流通和销售的重要环节，科学选择合适的营销渠道，能够确保农产品的顺畅流通和销售，多渠道的协同运作，能够充分发挥各渠道的优势，实现资源的优化配置和市场的最大覆盖。科学的渠道管理策略，能够提升渠道的运营效率和服务水平，确保产品的及时供应和市场的稳定。理解和科学制定策略，有助于优化农产品营销渠道与管理，实现农业经济的可持续发展。在实际操作中，生产者需要综合考虑渠道选择、多渠道协同运作和渠道管理策略，科学制定和实施农产品营销渠道与管理策略，提升市场竞争力和经济效益，为农业经济的发展提供有力支持。

第四章　现代农业的微观经济组织

第一节　现代农业的产权结构与产业化经营

一、现代农业的产权结构特征

现代农业的产权结构是农业经济组织的重要组成部分，直接影响农业资源的配置效率、生产效益和产业化经营水平，科学合理的产权结构有助于激发农业生产者的积极性，促进农业技术创新和资源的优化配置，推动农业产业化经营的发展。将探讨现代农业产权结构的特征，重点分析家庭承包经营制度、合作社组织形式和公司化经营模式三个方面的特点和优势，为现代农业的发展提供参考。

（一）家庭承包经营制度的特征

家庭承包经营制度是我国农村集体经济组织的一种基本形式，具有产权明确、利益导向和灵活高效的特征，该制度通过土地承包合同的形式，将土地使用权和经营权分离，使农民拥有较为稳定的土地使用权，激发其生产积极性，促进农业生产的发展。一是家庭承包经营制度的产权明确，通过签订承包合同，农民家庭获得了土地的长期使用权，明确了土地的产权归属和使用权利，减少了因产权不清导致的纠纷和资源浪费。产权的明确性为农民提供了稳定的生产预期，增加了其对土地投入的信心和积极性。例如在土地承包合同期内，农民自主决定农作物种植、农田基础设施建设等生产活动，提高了土地利用效率和农业生产效益。二是家庭承包经营制度的利益导向，家庭承包经营制度将土地使用权赋予农民家庭，使其成为生产和经营的主体，农民通过自主经营，获得生产收益，直接享受劳动成果。利益的直接关联性增强了农民的生产积极性，促使其不断改进生产技术和管理方法，提高生产效率和收益水平。例如农民通过科学种植、合理施肥、病虫害防治等措施，提高农产品产量和质量，增加收入。最后家庭承包经营制度的灵活高效，家庭承包经营制度赋予农民较大的自主权，使其能够根据市场需求和自身条件，灵活调整生产计划和经营策略。例如在市场需求变化时，农民及时调整种植结构，增加市场紧缺农产品的生产，减少供过于求产品的种植，降低市场风险，提高经济效益，同时家庭承包经营制度简化了生产组织形式，减少了管理成本，提高了生产效率。

（二）合作社组织形式的特征

合作社是农民自愿联合、共同出资、共享收益、共担风险的经济组织形式，具有集体化经营、互助合作和市场竞争力强的特征，合作社通过整合资源、优化配置，提高了农业生产的规模效益和市场竞争力，促进了农业产业化经营的发展。一是合作社的集体化经营特征，合作社将分散的农民组织起来，形成集体经济组织，实现了农业生产的集约化和规模化经营。例如合作社统一规划土地利用、统一采购生产资料、统一技术指导和统一销售农产品，提高了生产和经营的组织化程度，降低了生产成本和交易费用。集体化经营的优势在于实现资源的优化配置，发挥规模效益，提高农业生产的整体效益。二是合作社的互助合作特征，合作社成员通过自愿联合，共同出资、共同生产、共同销售，形成了互助合作的生产经营模式，例如合作社组织农民集体购买生产资料，降低采购成本。组织集体技术培训，提升生产技术水平，组织集体销售，增加市场议价能力和销售渠道，互助合作的机制增强了农民的互信和合作意识，提高了农业生产的协同效应和市场竞争力。最后合作社的市场竞争力特征，合作社通过集体经营和市场化运作，提升了农产品的市场竞争力和品牌价值，例如合作社通过品牌建设和质量认证，提升农产品的市场知名度和消费者信任度。通过市场推广和销售渠道拓展，增加农产品的市场覆盖面和销售量，通过市场信息的收集和分析，及时调整生产和销售策略，适应市场需求变化，合作社的市场竞争力特征增强了农产品的市场竞争力和附加值，提高了农民的收入和生活水平。

（三）公司化经营模式的特征

公司化经营模式是现代农业产业化经营的一种重要形式，具有资本密集、专业化管理和市场导向的特征，公司化经营模式通过引入资本和现代管理技术，提升了农业生产的技术水平和市场竞争力，推动了农业产业化经营的发展。一是公司化经营模式的资本密集特征，公司化经营模式通过吸引资本投入农业生产，提升了农业生产的资金保障和投资能力。例如通过引入企业投资和金融机构贷款，增加农业基础设施建设和现代农业技术应用的资金投入，提高了农业生产的机械化、自动化和智能化水平，资本密集特征增强了农业生产的抗风险能力和可持续发展能力，推动了现代农业的发展。二是公司化经营模式的专业化管理特征，公司化经营模式通过引入专业化的管理团队和管理技术，提高了农业生产的组织化和规范化水平，例如通过建立现代企业管理制度，优化生产流程和管理流程，提高生产效率和管理效益。通过引入农业专家和技术人员，提升生产技术和产品质量，提高农业生产的科技含量和市场竞争力。专业化管理特征增强了农业生产的管理水平和市场适应性，提高了农业生产的整体效益。最后公司化经营模式的市场导向特征，公司化经营模式通过市场化运作，提升了农产品的市场竞争力和品牌价值，例如通过市场调研和需求分析，确定产品的市场定位和营销策略，满足市场需求和消费者偏好。通过品牌建设和质量认证，提升产品的市场知名度和消费者信任度，增加产品的附加值和市场份额。通过市场推广和销售渠道拓展，扩大产品的市场覆盖面和销售量，提高公司经营的整体效益，市场导向特征增强了农产品的市场竞争力和品牌价值，提高了农业生产的经济效益和农民收入。

现代农业的产权结构特征主要体现在家庭承包经营制度、合作社组织形式和公司化经营模式三个方面，家庭承包经营制度通过明确产权、利益导向和灵活高效的特征，激发了农民的生产积极性，促进了农业生产的发展。合作社组织形式通过集体化经营、互助合作和市场竞争力强的特征，整合了农业资源，提高了农业生产的规模效益和市场竞争力。公司化经营模式通过资本密集、专业化管理和市场导向的特征，引入资本和现代管理技术，提升了农业生产的技术水平和市场竞争力。理解和科学运用产权结构特征，有助于优化现代农业的产权结构，实现农业产业化经营和农业经济的可持续发展。在实际操作中，农业生产者和相关部门需要综合考虑产权结构的特征和优势，科学制定和实施产权结构优化策略，提升农业生产效益和市场竞争力，为现代农业的发展提供有力支持。

二、产业化经营模式

现代农业的产业化经营模式是推动农业从传统小农经济向现代大规模、高效率、市场导向转变的重要途径。产业化经营模式通过整合资源、优化配置、提升效率和增加附加值，实现农业生产、加工和销售的一体化经营，促进农业经济的可持续发展。将探讨现代农业的几种主要产业化经营模式，重点分析龙头企业带动模式、农民合作社模式和农业产业园区模式的特点和优势，为现代农业的发展提供参考。

（一）龙头企业带动模式

龙头企业带动模式是现代农业产业化经营的重要形式，通过龙头企业的引领和带动，实现农业生产、加工和销售的一体化经营，提升农业的规模效益和市场竞争力。一是龙头企业带动模式的核心在于龙头企业的引领作用，龙头企业通过大规模的资金投入和先进的技术应用，提升农业生产的规模化和现代化水平。例如龙头企业通过投资农业基础设施建设、引进先进的农业机械和技术，提升农业生产的机械化和自动化水平，提高生产效率和产品质量。龙头企业的引领作用不仅提升了自身的市场竞争力，还带动了整个产业链的升级和发展。二是龙头企业带动模式通过与农户的合作，实现生产、加工和销售的一体化经营，龙头企业通过合同农业、订单农业等形式，与农户签订合作协议，提供技术指导、生产资料和市场销售信息，确保农产品的质量和销售渠道。例如龙头企业为农户提供优质的种子和化肥，进行技术培训和现场指导，提高农户的生产水平和产品质量。同时龙头企业通过统一收购和加工，确保农产品的销售渠道和市场价格，降低农户的市场风险，龙头企业与农户的合作，实现了生产、加工和销售的一体化经营，提升了整个农业产业链的效益和竞争力。最后龙头企业带动模式通过品牌建设和市场推广，提升农产品的市场知名度和附加值，龙头企业通过品牌建设、质量认证和市场推广，提升农产品的市场竞争力和品牌价值。例如通过品牌建设，提升农产品的市场认知度和消费者信任度，通过质量认证，确保农产品的安全和质量，提升市场美誉度。通过市场推广，扩大农产品的市场覆盖面和销售量，龙头企业的品牌建设和市场推广，不仅提升了自身的市场竞争力，还带动了整个产业链的品牌效应和市场价值。

（二）农民合作社模式

农民合作社模式是现代农业产业化经营的重要形式，通过农民自愿联合，共同出资、共享收益、共担风险，实现农业生产的集约化和规模化经营，提升农业的组织化水平和市场竞争力。一是农民合作社模式的核心在于农民的自愿联合和共同出资，农民合作社通过自愿联合，将分散的农民组织起来，形成集体经济组织，实现资源的整合和优化配置。例如农民合作社通过集体购买生产资料、统一规划土地利用、共同进行技术培训和市场推广，降低生产成本，提高生产效率。农民合作社的自愿联合和共同出资，增强了农民的合作意识和组织能力，提高了农业生产的集约化和规模化水平。二是农民合作社模式通过共享收益和共担风险，增强了农民的市场竞争力和抗风险能力，农民合作社通过统一收购和销售，提升了农产品的市场议价能力和销售渠道。例如农民合作社通过集体销售，增加农产品的市场议价能力，提升农产品的市场价格，通过统一品牌和质量认证，提升农产品的市场知名度和美誉度，增加销售量和市场份额。通过多元化的销售渠道，降低市场风险，保障农民的基本收益，共享收益和共担风险的机制，增强了农民的市场竞争力和抗风险能力，提高了农民的收入和生活水平。最后农民合作社模式通过互助合作和民主管理，提升了农业生产的组织化和规范化水平，农民合作社通过互助合作，共同进行生产和经营活动，提高了农业生产的协同效应和管理效率。例如农民合作社通过集体进行农田基础设施建设、共同进行病虫害防治和科学种植，提高生产效率和产品质量。通过民主管理，制定和实施合作社的管理制度和经营策略，确保合作社的规范化运作和可持续发展，互助合作和民主管理的机制，提升了农业生产的组织化和规范化水平，提高了农民的组织能力和市场适应性。

（三）农业产业园区模式

农业产业园区模式是现代农业产业化经营的重要形式，通过政府引导、企业主导和农民参与，实现农业生产、加工和销售的集约化和一体化经营，提升农业的集群效应和市场竞争力。一是农业产业园区模式的核心在于政府的引导和规划，政府通过制定产业园区的发展规划和政策措施，提供基础设施和公共服务，引导农业资源的集聚和优化配置。例如政府通过土地规划和基础设施建设，提供农业生产所需的水、电、路、通信等基础设施，提升农业生产的基础条件。通过政策支持和资金扶持，鼓励企业和农民参与产业园区的建设和发展，提供技术培训、市场信息和金融服务，提升农业生产的技术水平和市场竞争力，政府的引导和规划，为农业产业园区的发展提供了政策保障和基础条件。二是农业产业园区模式通过企业的主导和运营，提升了农业生产的集约化和现代化水平，企业作为产业园区的主导力量，通过投资和运营，实现农业生产、加工和销售的一体化经营。例如企业通过投资建设现代农业生产设施和加工厂，提升农业生产的机械化和自动化水平，提高生产效率和产品质量，通过建立农产品质量控制体系和品牌建设，提升农产品的市场竞争力和附加值。通过市场推广和销售渠道拓展，扩大农产品的市场覆盖面和销售量，企业的主导和运营，提升了农业生产的集约化和现代化水平，增强了产业园区的市场竞争力和集群效应。最后农业产业园区模式通过农民的参与和合作，实现了农业资源的优化配置和共享发展。农民作为产业园区的重要参与者，通过与企业的合作，实现了农业生产的规模化和市场化经营，例如农民通过土地流转、合作经营和合同农业等形式，参与产业园区的生产和经营活动，提升生产效率和经济效益。通过参与技术培训和生产管理，提高生产技术和管理水平，增加农产品的附加值和市场竞争力，通过参与农产品的加工和销售，增加收入来源和市场机会，提升农民的收入和生活水平。农民的参与和合作，实现了农业资源的优化配置和共享发展，增强了产业园区的整体效益和可持续发展能力。

现代农业的产业化经营模式主要体现在龙头企业带动模式、农民合作社模式和农业产业园区模式三个方面，龙头企业带动模式通过龙头企业的引领作用、与农户的合作以及品牌建设和市场推广，实现了农业生产、加工和销售的一体化经营，提升了农业的规模效益和市场竞争力。农民合作社模式通过农民的自愿联合和共同出资、共享收益和共担风险以及互助合作和民主管理，实现了农业生产的集约化和规模化经营，提升了农业的组织化水平和市场竞争力。农业产业园区模式通过政府的引导和规划、企业的主导和运营以及农民的参与和合作，实现了农业生产、加工和销售的集约化和一体化经营，提升了农业的集群效应和市场竞争力。理解和科学运用产业化经营模式，有助于优化现代农业的经营模式，实现农业经济的可持续发展。在实际操作中，农业生产者和相关部门需要综合考虑产业化经营模式的特征和优势，科学制定和实施产业化经营策略，提升农业生产效益和市场竞争力，为现代农业的发展提供有力支持。

三、农业合作社的角色与功能

农业合作社是现代农业发展的重要组织形式，通过农民自愿联合，共同出资、共享收益、共担风险，形成集体经济组织，实现农业生产的集约化和规模化经营。农业合作社在提升农业生产效率、增强市场竞争力和促进农村经济发展中发挥着重要作用。将探讨农业合作社的角色与功能，重点分析其在资源整合与优化、技术推广与培训以及市场营销与品牌建设三个方面的作用和功能，为现代农业的发展提供参考。

（一）资源整合与优化

农业合作社在资源整合与优化方面发挥着重要作用，通过集体经济组织的形式，整合农户的土地、资金、劳动力等生产要素，实现资源的优化配置和高效利用，提升农业生产的规模效益和整体竞争力。一是农业合作社通过土地整合，实现农业生产的集约化经营，合作社通过集体组织的形式，将分散的农户土地集中起来，进行统一规划和管理，提升土地利用效率和生产效益。例如通过土地整合，合作社进行大规模机械化作业，降低生产成本，提高生产效率，通过统一规划，合作社合理配置土地资源，优化种植结构，提高土地的综合生产能力和经济效益。土地整合不仅提升了农业生产的集约化水平，还为现代农业的发展提供了基础保障。二是农业合作社通过资金整合，增强农业生产的投资能力和抗风险能力，合作社通过成员共同出资和集体融资，增加农业生产的资金投入，提高生产和经营能力。例如通过集体购买生产资料和农机设备，降低生产成本和交易费用，通过集体投资农业基础设施建设，改善生产条件和环境。通过集体融资和贷款，增加生产和经营的资金来源，增强抗风险能力和可持续发展能力，资金整合不仅提升了农业生产的投资能力，还为农业生产的现代化和规模化经营提供了资金支持。最后农业合作社通过劳动力整合，提高农业生产的组织化和专业化水平，合作社通过集体组织的形式，合理配置和利用劳动力资源，提高生产效率和管理水平。例如通过组织农民进行分工协作，提高生产的专业化和规范化水平，通过开展技术培训和技能提升，提高农民的生产技术和管理能力，通过建立科学的劳动管理制度，优化劳动力的使用和配置，提高生产效率和经济效益。劳动力整合不仅提高了农业生产的组织化水平，还为农业生产的现代化和专业化经营提供了人力保障。

（二）技术推广与培训

农业合作社在技术推广与培训方面发挥着重要作用，通过集体组织的形式，开展农业技术的推广和培训，提高农民的生产技术水平和管理能力，推动农业生产的现代化和科技化发展。一是农业合作社是农业技术推广的重要平台，合作社通过组织农民进行技术培训和指导，推广先进的农业技术和生产模式，提高农民的生产技术水平和生产效率。例如合作社通过邀请农业专家进行现场指导和技术讲座，帮助农民掌握先进的种植技术和管理方法。通过组织农民参加技术培训班和实地观摩活动，提高农民的生产技能和实践能力，农业技术的推广不仅提升了农民的生产技术水平，还推动了农业生产的现代化和科技化发展。二是农业合作社通过技术创新和应用，提高农业生产的科技含量和竞争力，合作社通过集体组织的形式，进行农业技术的研发和创新，推动先进技术的应用和推广。例如通过引进和推广高产优质的农作物品种，提高农产品的产量和质量，通过应用现代农业机械和设备，提高生产效率和自动化水平，通过推广节水灌溉、精准施肥和病虫害综合防治等技术，提高资源利用效率和环境保护水平。技术创新和应用不仅提升了农业生产的科技含量，还增强了农产品的市场竞争力和附加值。最后农业合作社通过技术服务和支持，提升农业生产的整体水平和效益，合作社通过提供技术咨询、信息服务和生产指导，帮助农民解决生产中的技术难题，提高生产效益和管理水平。例如通过建立农业技术服务站和信息服务平台，提供技术咨询和信息支持，帮助农民及时了解市场动态和技术发展。通过开展现场指导和技术支持，解决农民在生产中的实际问题，提高生产效率和效益，技术服务和支持不仅提高了农民的生产技术水平，还提升了农业生产的整体效益和可持续发展能力。

（三）市场营销与品牌建设

农业合作社在市场营销与品牌建设方面发挥着重要作用，通过集体组织的形式，开展农产品的市场营销和品牌建设，提升农产品的市场竞争力和附加值，增强农民的市场议价能力和收入水平。一是农业合作社通过集体营销，提升农产品的市场议价能力和销售渠道，合作社通过组织农民进行集体销售，增加农产品的市场议价能力和销售渠道，提升市场竞争力和销售效益。例如通过集体采购和销售，降低交易成本和中间环节，提高销售价格和收益，通过统一品牌和包装，提升农产品的市场形象和知名度，增加市场需求和销售量。通过拓展销售渠道和市场网络，扩大农产品的市场覆盖面和销售范围，增加市场份额和销售量，集体营销不仅提升了农产品的市场议价能力，还增加了农民的收入和经济效益。二是农业合作社通过品牌建设，提升农产品的市场竞争力和附加值，合作社通过品牌建设和推广，提升农产品的市场知名度和品牌价值，增强市场竞争力和附加值。例如通过制定品牌发展战略和规划，明确品牌定位和市场目标，提升品牌的市场竞争力和影响力，通过进行品牌认证和质量认证，提升农产品的质量和安全性，增强市场信任度和美誉度。通过开展品牌推广和市场宣传，提升品牌的市场知名度和影响力，增加市场需求和销售量，品牌建设不仅提升了农产品的市场竞争力和附加值，还增加了农民的收入和经济效益。最后农业合作社通过市场信息服务，提升农民的市场适应性和应对能力，合作社通过提供市场信息和咨询服务，帮助农民了解市场动态和需求变化，及时调整生产和销售策略，提升市场适应性和应对能力。例如通过建立市场信息服务平台，提供市场价格、供需情况和政策动态等信息，帮助农民及时了解市场变化和趋势，通过开展市场调研和分析，了解消费者需求和偏好，指导农民进行科学种植和合理布局，提高市场竞争力和销售效益。市场信息服务不仅提升了农民的市场适应性和应对能力，还增加了农民的收入和经济效益。

农业合作社在资源整合与优化、技术推广与培训以及市场营销与品牌建设方面发挥着重要作用，通过资源整合与优化，农业合作社实现了土地、资金和劳动力的高效配置和利用，提升了农业生产的规模效益和整体竞争力。通过技术推广与培训，农业合作社提高了农民的生产技术水平和管理能力，推动了农业生产的现代化和科技化发展。通过市场营销与品牌建设，农业合作社提升了农产品的市场竞争力和附加值，增强了农民的市场议价能力和收入水平，理解和科学运用农业合作社的角色与功能，有助于优化现代农业的产权结构与产业化经营，实现农业经济的可持续发展。在实际操作中，农业生产者和相关部门需要综合考虑农业合作社的角色与功能，科学制定和实施合作社发展策略，提升农业生产效益和市场竞争力，为现代农业的发展提供有力支持。

四、产权改革对农业经济发展的影响

产权改革是现代农业经济发展的重要推动力，通过明确产权关系和优化产权结构，产权改革能够提升农业资源的配置效率，激发农业生产者的积极性，促进农业技术创新和产业化经营的发展。将探讨产权改革对农业经济发展的影响，重点分析产权改革对农业生产效率、农民收入和农村社会结构的影响，为现代农业的持续发展提供参考。

（一）产权改革对农业生产效率的影响

产权改萆通过明确土地使用权和经营权，提升了农业资源的配置效率和农业生产效率，明确的产权关系能够激发农民的生产积极性，促进土地资源的有效利用和农业技术的应用，从而提高农业生产效率。一是产权改革通过明确土地使用权，提高了土地利用效率，通过确权颁证和土地承包经营权的流转，农民拥有了稳定的土地使用权，增加了其对土地的投入和管理的积极性。例如在土地确权后，农民放心进行长期的土地改良和基础设施建设，如修建排灌系统、改良土壤结构等，提高了土地的生产能力和利用效率。此外土地流转使得土地资源得以重新配置，流转给有能力和意愿的农民或农业企业，形成规模化、集约化经营，提升了土地利用效率和农业生产效率。二是产权改革通过赋予农民经营自主权，提升了农业生产效率，农民在拥有稳定的土地使用权后，根据市场需求和自身条件，自主决定农作物种植、养殖业发展等生产经营活动。例如农民根据市场需求调整种植结构，种植经济作物或高附加值作物，提高经济效益，引进先进的农业技术和设备，提高生产效率和产品质量。经营自主权赋予激发了农民的生产积极性和创新意识，提高了农业生产效率和经济效益。最后产权改革通过促进土地流转，推动了农业现代化和规模化经营，土地流转使得土地资源得以重新配置，形成适度规模经营，促进了农业机械化和现代化生产。

（二）产权改革对农民收入的影响

产权改革通过明确产权关系和优化产权结构，增加了农民的资产性收入和经营性收入，提高了农民的整体收入水平和生活质量，产权改革为农民提供了更大的经济自主权和发展机会，促进了农村经济的繁荣和农民的增收。一是产权改革通过明确土地承包经营权，增加了农民的资产性收入，土地确权颁证后，农民拥有了稳定的土地使用权，通过土地流转、抵押贷款等方式，获得资产性收入。例如农民将土地流转给农业企业或专业大户，获得土地租金收入，将土地使用权抵押给银行，获得贷款资金，用于发展农业生产或其他投资项目，土地承包经营权的明确和流转，为农民提供了资产增值和增收的途径，增加了农民的资产性收入。二是产权改革通过赋予农民经营自主权，增加了农民的经营性收入，农民在拥有稳定的土地使用权后，根据市场需求和自身条件，自主决定生产经营活动，提高生产效益和经营收入。例如农民通过调整种植结构，种植高附加值的经济作物，提高经济效益，发展养殖业、加工业等多种经营，增加收入来源。引进先进的农业技术和管理模式，提高生产效率和产品质量，增加销售收入，经营自主权的赋予，为农民提供了更多的增收机会和手段，提高了农民的经营性收入。最后产权改革通过促进农村土地市场的发展，提升了农民的整体收入水平，土地流转和市场化运作，使得土地资源得以优化配置，提升了土地的经济价值和农民的收入水平。例如通过土地流转，农民将土地流转给有能力和意愿的农业企业或专业大户，获得稳定的租金收入，通过市场化运作，土地价格和租金水平得以提高，增加了农民的土地收入。通过市场化的土地交易和租赁，增加了土地的流动性和经济效益，提升了农民的整体收入水平，农村土地市场的发展，为农民提供了更多的增收途径和机会，提高了农民的整体收入水平和生活质量。

（三）产权改革对农村社会结构的影响

产权改革不仅对农业生产和农民收入产生深远影响，还对农村社会结构产生了重要影响，通过优化产权结构，产权改革促进了农村社会的公平和稳定，增强了农民的社会地位和参与意识，推动了农村社会的现代化和发展。一是产权改革通过明确产权关系，促进了农村社会的公平和稳定，明确的产权关系减少了因产权不清导致的纠纷和资源浪费，保障了农民的合法权益和经济利益。例如土地确权颁证后，农民拥有了稳定的土地使用权，减少了土地纠纷和矛盾，维护了农村社会的稳定。通过土地流转和市场化运作，农民公平获得土地收益和经济利益，促进了农村社会的公平和和谐，产权改革的公平性和透明性，增强了农民的法律意识和权利意识，促进了农村社会的公平和稳定。二是产权改革通过赋予农民经济自主权，增强了农民的社会地位和参与意识，产权改革使得农民成为土地和生产经营的主体，增强了农民的经济自主权和决策权，提高了农民的社会地位和参与意识。例如农民自主决定生产经营活动，增加收入和经济效益，提高生活水平和社会地位，通过参与土地流转和市场交易，增强了市场经济意识和社会参与能力。通过合作社和集体经济组织，提升了组织化和合作意识，增强了社会参与和决策能力，产权改革的自主性和参与性，提升了农民的社会地位和参与意识，促进了农村社会的现代化和发展。最后产权改革通过优化农村经济结构，推动了农村社会的现代化和发展，产权改革促进了土地资源的优化配置和集约化经营，推动了农村经济结构的调整和现代化发展。例如通过土地流转和规模化经营，促进了现代农业的发展，提高了农业生产效率和经济效益。通过多种经营和产业化发展，增加了农民的收入来源和经济机会，提升了农村经济的多样性和活力，通过市场化运作和品牌建设，增强了农产品的市场竞争力和附加值，推动了农村经济的现代化和可持续发展。产权改革的结构性和发展性，优化了农村经济结构，推动了农村社会的现代化和发展。

产权改革对农业经济发展的影响主要体现在提高农业生产效率、增加农民收入和优化农村社会结构三个方面，通过明确土地使用权和经营权，产权改革提升了农业资源的配置效率和农业生产效率。增加农民的资产性收入和经营性收入，产权改革提高了农民的整体收入水平和生活质量，优化农村经济结构和促进社会公平，产权改革推动了农村社会的现代化和发展。理解和科学运用产权改革的影响，有助于优化现代农业的产权结构与产业化经营，实现农业经济的可持续发展。在实际操作中，农业生产者和相关部门需要综合考虑产权改革的影响和优势，科学制定和实施产权改革策略，提升农业生产效益和市场竞争力，为现代农业的发展提供有力支持。

第二节 现代农业的家庭经营

一、家庭经营的基本模式

家庭经营作为农业生产的基本形式之一，具有灵活高效、贴近市场和自主性强的特点，现代农业中的家庭经营模式不断发展和创新，以适应市场需求和技术进步，实现农业生产的可持续发展。将探讨现代农业中家庭经营的基本模式，重点分析家庭农场、家庭联产承包责任制和家庭合作经营模式的特点和优势，为现代农业的发展提供参考。

（一）家庭农场模式

家庭农场模式是以家庭为单位，通过自主经营、自负盈亏，进行农业生产和管理的一种经营形式，这种模式在现代农业中广泛应用，具有高度的灵活性和市场适应性。一是家庭农场模式通过自主经营，增强了农民的自主性和积极性，家庭农场主根据自身的生产条件和市场需求，自主决定种植、养殖和经营方式，例如农场主根据市场行情选择种植高附加值的经济作物或发展特色养殖，提高经济效益。自主经营的特点使农民能够灵活调整生产计划，迅速应对市场变化，减少市场风险，提高生产效益。二是家庭农场模式通过自负盈亏，提高了农业生产的效率和效益，家庭农场主承担生产和经营的全部风险和收益，促使其不断优化生产管理，降低成本，提高产量和质量。例如农场主通过科学种植、精准施肥和病虫害综合防治等措施，提高生产效率和产品质量，通过引进现代农业技术和设备，提高生产的机械化和自动化水平，降低生产成本。自负盈亏的机制激励农民不断创新和改进，提升农业生产的效率和效益。最后家庭农场模式通过市场导向，增强了农产品的市场竞争力，家庭农场主根据市场需求，灵活调整生产结构和销售策略，增加产品的市场适应性和竞争力，例如农场主通过品牌建设和质量认证，提升产品的市场知名度和消费者信任度。通过多元化的销售渠道和市场推广，扩大产品的市场覆盖面和销售量，市场导向的特点使家庭农场能够更好地满足市场需求，提高农产品的附加值和市场竞争力。

（二）家庭联产承包责任制

家庭联产承包责任制是我国农村集体经济组织的一种基本经营形式，通过家庭承包土地、自主经营、集体所有，实现了农业生产的集约化和规范化，这种模式在改革开放以来对我国农业发展起到了重要作用。一是家庭联产承包责任制通过家庭承包土地，增强了土地的使用效率和农业生产的积极性，通过签订土地承包合同，农民家庭获得了长期稳定的土地使用权，明确了产权关系，增加了对土地投入的积极性。例如农民放心进行长期的土地改良和基础设施建设，提高土地的生产能力和利用效率，通过合理规划和精细管理，优化种植结构，提高产量和经济效益，土地承包的制度保障激发了农民的生产积极性，提升了农业生产的效率和效益。二是家庭联产承包责任制通过自主经营，提高了农业生产的灵活性和市场适应性，农民家庭在拥有土地使用权后，根据市场需求和自身条件，自主决定生产经营活动，提高生产效益和市场竞争力。例如农民根据市场行情调整种植结构，种植高附加值的经济作物或发展特色养殖，通过引进现代农业技术和设备，提高生产效率和产品质量。自主经营的特点使农民能够灵活应对市场变化，提高农业生产的灵活性和市场适应性。最后家庭联产承包责任制通过集体所有，维护了农村社会的公平和稳定，土地的集体所有制形式保障了农民的基本权益，减少了因土地纠纷和矛盾导致的社会不稳定。例如集体经济组织通过统一规划和管理，合理配置土地资源，确保农民的基本生产和生活需要，通过集体协调和调解，解决土地使用中的纠纷和问题，维护农村社会的和谐和稳定。集体所有的制度保障增强了农村社会的公平性和稳定性，促进了农村经济的发展。

（三）家庭合作经营模式

家庭合作经营模式是农民家庭通过自愿联合，共同出资、共同经营、共享收益、共担风险的一种集体经济组织形式，这种模式在提高农业生产效率和市场竞争力方面具有显著优势。一是家庭合作经营模式通过资源整合，实现了农业生产的集约化和规模化经营，合作社通过集体组织的形式，将分散的农户资源整合起来，进行统一规划和管理，提高资源利用效率和生产效益，例如通过集体购买生产资料和设备，降低生产成本和交易费用。通过统一技术指导和培训，提高农民的生产技术水平和管理能力，通过统一品牌和销售，提升农产品的市场竞争力和附加值，资源整合的优势使家庭合作经营模式能够实现农业生产的集约化和规模化经营，提高整体效益。二是家庭合作经营模式通过互助合作，增强了农业生产的协同效应和抗风险能力，合作社成员通过自愿联合和共同出资，共享生产收益和市场风险，形成了互助合作的生产经营模式。例如通过集体组织和合作，农民共享生产资料和技术，提高生产效率和产品质量，通过集体销售和市场推广，增强市场议价能力和销售渠道，提高市场竞争力和销售效益。通过建立风险共担机制，分散市场风险，保障农民的基本收益，互助合作的机制增强了农业生产的协同效应和抗风险能力，提高了农民的收入和生活水平。最后家庭合作经营模式通过民主决策，提升了农业生产的组织化和规范化水平。合作社通过民主管理和集体决策，制定和实施合作社的管理制度和经营策略，确保合作社的规范化运作和可持续发展。

现代农业中的家庭经营基本模式主要包括家庭农场模式、家庭联产承包责任制和家庭合作经营模式，家庭农场模式通过自主经营、自负盈亏和市场导向，增强了农民的自主性和积极性，提高了农业生产的效率和效益。家庭联产承包责任制通过家庭承包土地、自主经营和集体所有，增强了土地的使用效率和农业生产的积极性，维护了农村社会的公平和稳定。家庭合作经营模式通过资源整合、互助合作和民主决策，实现了农业生产的集约化和规模化经营，提升了农业生产的协同效应和抗风险能力。理解和科学运用家庭经营模式，有助于优化现代农业的经营结构，实现农业经济的可持续发展，在实际操作中，农业生产者和相关部门需要综合考虑家庭经营模式的特征和优势，科学制定和实施家庭经营策略，提升农业生产效益和市场竞争力，为现代农业的发展提供有力支持。

二、家庭经营的经济效益分析

家庭经营作为农业生产的基本形式之一，在现代农业中具有重要的经济意义，家庭经营不仅能够灵活适应市场需求，还能有效提高农业生产效率和农民收入。将分析家庭经营的经济效益，重点探讨家庭经营在生产效率提升、成本控制和收入增加三个方面的表现，为现代农业的发展提供参考。

（一）生产效率的提升

家庭经营模式通过自主决策和灵活管理，有效提升了农业生产效率，农民作为家庭经营的主体，能够根据自身条件和市场需求，灵活调整生产计划和经营策略，从而提高生产效率。一是家庭经营模式允许农民根据自身条件和资源优势，选择最适合的生产方式和农作物品种，例如拥有良好水源的农户选择种植需水量大的高效益作物，而土壤肥沃的农户则选择种植高产量的粮食作物，这种自主决策和灵活管理使得农民能够充分发挥自身资源优势，提高农业生产效率。二是家庭经营模式鼓励农民积极采用先进的农业技术和管理方法，农民为了提高生产效率和经济效益，往往会积极引进和应用现代农业技术，例如高效灌溉系统、精细化管理技术和科学施肥方法。技术和方法的应用，不仅提高了农业生产效率，还改善了农产品的质量和市场竞争力。

（二）成本控制的优势

家庭经营模式在成本控制方面具有显著优势，通过家庭成员的协同工作和自主管理，家庭经营能够有效降低生产成本，提高经济效益。一是家庭经营模式通过家庭成员的协同工作，降低了劳动力成本，在家庭经营中，家庭成员共同参与农业生产活动，分担生产任务。这不仅减少了雇佣外部劳动力的需求，降低了劳动力成本，还增强了家庭成员之间的合作和协调，提高了生产效率。例如家庭成员根据各自的特长和能力，分工协作，进行田间管理、施肥、灌溉等工作，减少了生产成本，提高了经济效益。二是家庭经营模式通过自主管理，降低了管理成本，在家庭经营中，农民作为经营的主体，直接参与和管理生产活动，减少了管理层级和管理费用。例如农民根据生产需要，自主决定采购生产资料、安排生产计划和销售农产品，减少了中间环节和管理费用，这种自主管理模式不仅降低了管理成本，还提高了生产效率和经济效益。

（三）收入增加的途径

家庭经营模式为农民提供了多种增加收入的途径，通过自主经营、多元化发展和市场导向，家庭经营能够有效提高农民收入，改善生活水平。一是家庭经营模式通过自主经营，增加了农民的经营收入，农民作为家庭经营的主体，根据市场需求和自身条件，自主决定生产和经营活动，增加经营收入。例如农民选择种植高附加值的经济作物，如水果、蔬菜和药材，提高经济效益，发展特色养殖，如养殖优质家禽和水产，增加收入来源，自主经营使得农民能够充分发挥自身资源优势，灵活应对市场变化，增加经营收入。二是家庭经营模式通过多元化发展，增加了农民的收入来源，家庭经营中的农民通过多种经营方式，增加收入来源，提高经济效益，例如农民在种植业的基础上，发展养殖业和加工业，形成多元化经营模式。利用农村资源，发展乡村旅游和农产品加工，增加收入来源，多元化发展不仅提高了家庭经营的抗风险能力，还增加了农民的收入和经济效益。

家庭经营模式在生产效率提升、成本控制和收入增加方面具有显著的经济效益，通过自主决策、技术应用和精细化管理，家庭经营模式有效提升了农业生产效率，通过家庭成员的协同工作、自主管理和灵活的资源配置，家庭经营模式有效降低了生产成本，通过自主经营、多元化发展和市场导向，家庭经营模式有效增加了农民的经营收入和销售收入。理解和科学运用家庭经营模式的经济效益，有助于优化现代农业的经营结构，实现农业经济的可持续发展，在实际操作中，农业生产者和相关部门需要综合考虑家庭经营模式的特征和优势，科学制定和实施家庭经营策略，提升农业生产效益和市场竞争力，为现代农业的发展提供有力支持。

三、家庭农场的发展现状与前景

家庭农场作为现代农业的重要组成部分，在推动农业现代化、提高农业生产效率和增加农民收入方面发挥着重要作用，随着农业技术的进步和市场需求的变化，家庭农场在我国各地不断发展和壮大。将分析家庭农场的发展现状，探讨其面临的挑战和发展前景，以期为家庭农场的持续发展提供参考。

（一）家庭农场的发展现状

近年来，家庭农场在我国农村地区得到了广泛发展，成为推动农业现代化和农民增收的重要力量，家庭农场的发展现状从以下几个方面进行分析。一是家庭农场的数量和规模不断扩大，据统计我国家庭农场的数量近年来呈现快速增长态势，越来越多的农民选择以家庭农场的形式进行农业生产。家庭农场的平均规模也在不断扩大，许多家庭农场通过土地流转、合作经营等方式，扩大了生产规模，提升了生产效益。例如在一些粮食主产区，家庭农场的规模已经达到数百亩甚至上千亩，形成了一定的规模效益。二是家庭农场的经营模式不断创新，随着农业技术的进步和市场需求的变化，家庭农场在经营模式上不断探索和创新。例如一些家庭农场通过引进现代农业技术和设备，提高了生产效率和产品质量，一些家庭农场通过发展休闲农业和观光农业，增加了收入来源和市场竞争力。还有一些家庭农场通过品牌建设和质量认证，提升了产品的市场知名度和附加值，经营模式的多样化和创新性，使得家庭农场在市场竞争中具有更强的适应能力和发展潜力。

（二）家庭农场面临的挑战

尽管家庭农场在发展中取得了显著成就，但仍面临一些挑战，需要在未来的发展中加以解决，挑战主要集中在以下几个方面。一是土地资源的获取和利用存在困难，虽然土地流转政策的推进为家庭农场扩大规模提供了一定的支持，但在实际操作中，土地流转仍面临一些问题。例如一些地区的土地流转市场不够规范，土地价格高企，增加了家庭农场的经营成本，一些农民对土地流转缺乏信任，不愿意将土地流转给家庭农场，导致土地资源难以有效整合和利用，解决土地资源获取和利用的困难，是家庭农场进一步发展的重要课题。二是资金和技术支持不足制约了家庭农场的发展，家庭农场在发展过程中，往往面临资金短缺和技术不足的问题，例如许多家庭农场缺乏足够的资金进行基础设施建设和现代农业设备的购置，影响了生产效率和产品质量。一些家庭农场缺乏专业的技术指导和培训，难以掌握和应用先进的农业技术，制约了生产水平的提升，加强资金和技术支持，是家庭农场提高生产效益和市场竞争力的关键。

（三）家庭农场的发展前景

尽管面临一些挑战，家庭农场在现代农业中的发展前景依然广阔，通过政策支持、技术创新和市场拓展，家庭农场有望在未来取得更大的发展成就。一是政策支持将继续为家庭农场的发展提供有力保障，各级政府将继续加大对家庭农场的支持力度，通过完善土地流转政策、提供财政补贴和贷款贴息、加强技术培训和市场信息服务等措施，帮助家庭农场解决发展中的问题。例如政府通过制定和实施更为灵活和便捷的土地流转政策，促进土地资源的合理配置和高效利用，通过增加财政投入和信贷支持，帮助家庭农场获得更多的资金支持，提升基础设施和生产能力，政策支持的持续加强，将为家庭农场的发展提供坚实保障。二是技术创新将推动家庭农场的现代化和高效化发展，随着农业技术的不断进步，家庭农场将有更多机会引进和应用现代农业技术，提高生产效率和产品质量，例如通过应用精准农业技术和智能农业设备，家庭农场实现科学种植、精准施肥和智能灌溉，提升生产效率和资源利用率。通过发展生态农业和有机农业，家庭农场提高农产品的质量和附加值，增强市场竞争力，技术创新的不断推进，将为家庭农场的发展注入新的动力。

家庭农场在发展现状、面临的挑战和未来前景方面具有重要意义，家庭农场在数量和规模、经营模式和政策支持等方面取得了显著进展，为推动农业现代化和农民增收做出了重要贡献。然而家庭农场仍面临土地资源、资金技术和市场竞争等方面的挑战，需要在未来的发展中，通过政策支持、技术创新和管理提升，克服困难，实现更好更快的发展。未来家庭农场的发展前景广阔，通过政策支持、技术创新和市场拓展，家庭农场有望在现代农业中发挥更大的作用，为农业经济的可持续发展提供有力支持。

四、家庭经营与农村社会变迁

家庭经营作为农村经济的基本单元，不仅影响农业生产效率和农民收入，还对农村社会结构和文化产生深远影响。随着家庭经营模式的不断发展，农村社会也发生了显著的变迁。将探讨家庭经营对农村社会变迁的影响，重点分析家庭经营对农村社会结构的重塑和农村文化变迁的推动作用，以期为理解农村社会变迁提供参考。

（一）家庭经营对农村社会结构的重塑

家庭经营模式在农村社会中发挥着重要作用，对农村社会结构的重塑产生了深远影响，这种影响主要体现在经济结构、家庭关系和社会组织等方面。一是家庭经营模式促进了农村经济结构的调整和多样化发展，传统的农村经济以农业生产为主，而现代家庭经营模式通过自主经营和多元化发展，推动了农村经济结构的多样化。例如许多家庭通过发展农业加工业、乡村旅游业和电商产业，增加了收入来源，改善了经济状况，这种多元化的经济结构不仅提高了农民的收入水平，还增强了农村经济的韧性和活力，为农村经济的可持续发展提供了重要支撑。二是家庭经营模式改变了传统的家庭关系和社会角色，在传统的农村社会中，家庭成员之间的关系主要以血缘和亲缘为基础，分工明确，角色固定。然而家庭经营模式的发展打破了这种固有的关系模式，例如家庭成员共同参与农业生产和经营活动，分担生产任务和经营责任，增强了家庭成员之间的合作和互动。女性和年轻人在家庭经营中发挥越来越重要的作用，提升了他们的经济地位和社会地位，这种家庭关系和角色的变化，不仅促进了家庭内部的和谐与合作，还推动了农村社会的进步和发展。

（二）家庭经营对农村文化变迁的推动

家庭经营模式在推动农村经济发展的同时也对农村文化产生了深远影响，促进了农村文化的变迁和现代化发展，这种影响主要体现在价值观念、生活方式和文化交流等方面。一是家庭经营模式促进了农村价值观念的转变和更新，随着家庭经营模式的发展，农民在生产和经营活动中逐渐形成了新的价值观念和思想，例如自主经营和自负盈亏的经营模式，增强了农民的自主性和责任感，形成了积极进取、勇于创新的价值观念。市场竞争和多元化发展的经济环境，促使农民重视知识和技术，形成了尊重科学、追求进步的思想观念，这种价值观念的转变和更新，不仅促进了农民的自我发展和社会进步，还推动了农村文化的现代化和多样化发展。二是家庭经营模式改变了农村的生活方式和消费习惯，在家庭经营模式下，农民通过自主经营和多元化发展，增加了收入，提高了生活水平，生活方式和消费习惯也随之发生了变化。例如农民通过家庭经营获得了更多的经济收益，有能力改善住房条件、购买现代化的家用电器和交通工具，提升了生活质量。通过家庭经营的多元化发展，农民有更多的机会参与休闲娱乐活动，丰富了文化生活。这种生活方式和消费习惯的变化，不仅提高了农民的生活质量，还推动了农村文化的现代化和多样化发展。最后家庭经营模式促进了农村的文化交流和融合，在家庭经营模式下，农民通过合作社、农业协会和市场交易等形式，进行广泛的交流和合作，促进了农村文化的交流和融合。例如农民通过参加农业技术培训和交流活动，学习和借鉴先进的农业技术和管理经验，提升了生产技术和管理水平。通过参加农业展会和市场交易，了解和接受外来文化和市场信息，拓宽了视野，增强了市场竞争力。这种文化交流和融合，不仅促进了农村文化的多样化和现代化发展，还增强了农村社会的开放性和包容性。

家庭经营模式在促进农业生产和农民收入的同时对农村社会结构和文化产生了深远影响，家庭经营模式通过促进农村经济结构的调整和多样化发展，改变传统的家庭关系和社会角色，推动农村社会组织的重构和发展，重塑了农村社会结构。通过促进农村价值观念的转变和更新，改变农村的生活方式和消费习惯，推动农村文化的交流和融合，促进了农村文化的变迁和现代化发展。理解和科学运用家庭经营模式对农村社会变迁的影响，有助于优化现代农业的经营结构，实现农业经济的可持续发展。在实际操作中，农业生产者和相关部门需要综合考虑家庭经营模式的特征和影响，科学制定和实施家庭经营策略，提升农业生产效益和社会文化水平，为现代农业和农村社会的发展提供有力支持。

第五章 农业产业转型与经济结构升级路径

第一节 农业产业转型概述

一、农业产业转型的概念界定

在当今全球经济一体化的背景下，农业作为国民经济的基础，其发展态势直接影响到国家的经济安全和社会稳定。面对资源环境的约束、市场需求的变化以及国际竞争的加剧，传统农业的发展模式已难以满足现代社会对高效、可持续农业的需求。因此农业产业转型成为推动农业经济发展、实现农业现代化的重要途径，本段将对农业产业转型的概念进行界定，并探讨其在促进农业经济发展中的重要作用。

（一）农业产业转型的定义

农业产业转型，这一术语深刻揭示了农业发展进程中的一个重要阶段和变革方向。它不仅仅是一个简单的概念转换，是农业产业在面临市场需求变化、资源环境约束以及技术进步等多重挑战下，所进行的一次全面而深刻的自我革新与升级。具体来说，农业产业转型是指农业产业在发展过程中，依托技术创新、结构调整、制度变革等核心驱动力，实现从传统农业向现代农业的根本性转变。这一转型过程旨在使农业更加适应市场需求的变化，显著提升农业生产效率，增强农业的整体竞争力，进而推动农业经济的持续、健康、稳定发展。

在这一转型的宏大叙事中，农业生产方式的转变是其中最为显著和核心的一环。传统农业往往依赖于人力和天然资源，生产方式相对粗放，效率低下。而现代农业则更加注重科技的应用，通过精准农业、智能农机、生物技术等先进手段，实现生产过程的精细化、智能化和高效化。这种生产方式的转变，不仅提高了农产品的产量和质量，还有效降低了生产成本，为农业的可持续发展奠定了坚实基础。

农业产业转型还意味着农业产业链条的延伸和农业功能的拓展，在传统农业中，产业链条相对较短，农产品往往以初级形态进入市场，附加值有限；而在现代农业产业体系中，产业链条被大大拉长，涵盖了从产前、产中到产后的各个环节，包括农产品加工、物流配送、品牌营销等。产业链条的延伸，不仅提升了农产品的附加值，还创造了更多的就业机会和经济增长点。农业的功能也不再局限于传统的食品生产，而是向生态保育、休闲观光、文化传承等多个领域拓展，形成了多元化的农业功能体系。

农业产业转型还促进了农业与其他产业的融合发展，在转型过程中，农业与工业、服务业等产业的界限逐渐模糊，形成了诸多新兴的交叉产业，如农业科技、农业旅游、农业电商等。跨产业的融合发展，不仅为农业注入了新的活力，也推动了整个经济体系的优化升级。

（二）农业产业转型的特征

①技术创新驱动：农业产业转型的核心特征之一是技术创新的驱动，在转型过程中，农业技术的革新和应用起到了至关重要的作用。现代生物技术、信息技术、智能装备等高科技手段的不断涌现，为农业生产带来了前所未有的变革。这些技术的应用不仅显著提升了农业生产效率和产品质量，还大大降低了生产成本，增强了农业的市场竞争力。例如通过精准农业技术的应用，农民可以更加精确地管理农田，提高作物产量和质量；而智能装备的使用则使得农业生产过程更加自动化和智能化，减轻了农民的劳动强度。

②结构调整优化：农业产业转型还伴随着产业结构的显著变化，在传统农业中，种植业和养殖业占据主导地位，但随着转型的推进，这些传统产业的比重逐渐下降。取而代之的是高附加值、高技术含量的新兴产业，如农产品加工、休闲农业、生态农业等。这些新兴产业的快速发展，形成了更加多元化、现代化的农业产业结构。结构调整不仅提高了农业的整体效益，还满足了消费者对多样化、高品质农产品的需求。

③制度政策创新：政府政策、法律法规的支持和引导是农业产业转型不可或缺的重要推动力，在转型过程中，制度创新起到了至关重要的作用。政府通过制

定和实施一系列有利于农业转型的政策措施，如土地流转制度、农业补贴政策、农村金融体系改革等，为农业转型提供了良好的外部环境。这些制度政策的创新不仅激发了农民和企业的积极性，还推动了农业产业向更加市场化、现代化的方向发展。

④可持续发展导向：农业产业转型还强调经济效益、社会效益和生态效益的协调统一。在转型过程中，注重资源节约和环境友好成为重要的导向。农业产业转型推动农业向绿色、低碳、循环方向发展，以实现经济的可持续增长。例如通过发展生态农业和循环农业，可以减少化肥和农药的使用量，降低农业对环境的污染；推广节能技术和设备则可以降低农业生产过程中的能耗和排放。可持续发展导向的转型不仅有助于保护生态环境，还提高了农业的长期发展潜力。

（三）农业产业转型的意义

农业产业转型是提升农业生产力和经济效益的关键途径，通过技术创新、结构调整和制度变革，传统农业得以向现代农业转变，实现了生产方式的优化和生产效率的提升。智能农机、生物技术、精准农业等现代科技的应用，显著提高了农产品的产量和质量，降低了生产成本，从而增强了农业的市场竞争力。这种转型不仅使得农业成为更具盈利能力的产业，也为农民提供了更多的就业机会和收入来源。

农业产业转型对于推动农村经济发展和促进城乡一体化具有重要意义，随着农业产业结构的优化和新兴产业的发展，农村经济得以多元化和现代化，从而增强了农村经济的活力和吸引力。农业产业转型在环境保护和可持续发展方面发挥着重要作用，传统农业往往对自然资源造成过度开发和污染，而现代农业产业转型则注重生态效益和环境保护。通过发展生态农业、循环农业等可持续农业模式，可以减少化肥和农药的使用，降低农业对环境的负面影响，从而保护生态环境和生物多样性。此外农业产业转型还有助于推动社会创新和进步，随着农业与其他产业的融合发展，新兴产业如农业科技、农业旅游、农业电商等应运而生。这些新兴产业的发展不仅为农业注入了新的活力，也推动了整个社会的创新和进步；农业产业转型还促进了农村社会的文化繁荣和社会和谐，为构建更加美好的乡村社会奠定了坚实基础。

农业产业转型对于保障国家粮食安全和提升国际竞争力具有重要意义，通过提高农业生产效率和产品质量，增强农业的市场竞争力，国家可以更好地保障粮食安全和农产品供应。现代农业的发展也使得国家在全球农产品市场上更具竞争力，从而为国家经济的整体发展提供了有力支撑。

综上所述，农业产业转型是一个涉及生产方式、产业结构、技术创新、制度变革等多方面的复杂过程，其核心目标是通过转型升级，构建更加高效、绿色、可持续的现代农业体系。这一过程对于促进农业经济发展、提升国家农业竞争力、实现乡村振兴战略目标具有深远意义。因此深入研究和探索农业产业转型的路径与策略，对于推动我国农业现代化进程具有重要的理论与实践价值。

二、农业产业转型的发展方向

农业产业转型作为推动农业经济发展和实现农业现代化的重要策略，其发展方向的选择与实施至关重要。在当前全球经济一体化、市场需求多元化以及资源环境约束加剧的背景下，农业产业转型需要明确的发展路径，以确保转型的顺利进行并达到预期效果。

（一）技术创新与智能化发展

在当今时代，技术创新与智能化发展已成为推动社会进步和产业升级的重要力量，尤其在农业领域，其影响更为深远。农业作为国家的根基产业，其现代化进程直接关系到国家的经济繁荣和社会稳定，而技术创新与智能化发展正是农业产业转型与升级的关键驱动力。技术创新为农业带来了前所未有的变革，传统的农业生产方式往往依赖于人力和天然资源，生产效率低下，且易受自然环境的影响。随着现代科技的不断进步，农业技术也在不断创新。生物技术的应用使得农作物品种更加优良，抗病虫害能力更强，从而提高了农作物的产量和质量。信息技术的引入则让农业生产实现了精准化管理，农民可以通过智能设备实时监测土壤、气候等环境因素，科学制定种植计划，提高农业生产效率。

智能化发展则是技术创新在农业领域的进一步延伸，随着物联网、大数据、人工智能等技术的快速发展，农业生产过程正在实现全面智能化。智能农机、无人机、机器人等智能装备的应用，使得农业生产更加高效、精准。例如智能农机根据土壤和作物的实际情况自动调节耕作深度和施肥量，减少资源浪费和环境污染；无人机则可以用于农田的病虫害监测和防治，提高防治效果，降低防治成本。

技术创新与智能化发展不仅提高了农业生产的效率和质量，还为农业产业的转型与升级提供了新的机遇。通过技术创新和智能化手段，农业可以实现由传统向现代的转变，形成更加多元化、现代化的农业产业结构。例如农产品加工业可以通过引入先进的加工技术和设备，提高农产品的附加值和市场竞争力。休闲农业和生态农业则可以借助智能化手段，提供更加优质、个性化的服务体验，吸引更多消费者。技术创新与智能化发展也为农业可持续发展提供了有力支撑，通过精准农业、循环农业等可持续农业模式的发展，可以减少化肥和农药的使用量，降低农业对环境的污染和破坏；智能化手段的应用则可以帮助农民更加科学地管理农田和水资源，提高资源利用效率，保护生态环境。

（二）产业链条延伸与多功能性拓展

1. 产业链条延伸

产业链条延伸是指通过向前或向后延伸农业产业链，增加农产品的附加值，提高农业的整体竞争力。具体而言，产业链条延伸包括以下几个方面。

①向前延伸：即向农业生产的上游环节延伸，包括种子研发、农资供应等。通过加强种子研发，培育优良品种，提高农作物的产量和质量；通过优化农资供应体系，确保农业生产所需的各种物资供应充足、质量可靠。

②向后延伸：即向农业生产的下游环节延伸，包括农产品加工、仓储物流、市场营销等。通过发展农产品加工业，将初级农产品转化为高附加值的加工产品，提高农产品的附加值；通过完善仓储物流体系，确保农产品在运输和储存过程中的品质和安全；通过创新市场营销手段，拓宽农产品的销售渠道，提高农产品的市场占有率。

2. 多功能性拓展

多功能性拓展是指农业除了提供食品等基本功能外，还可以拓展出休闲、教育、生态等多种功能，满足人们日益增长的多元化需求。具体而言，多功能性拓展包括以下几个方面。

①休闲农业：随着城市化进程的加快，人们越来越向往乡村的宁静与自然。因此发展休闲农业成为一个重要的方向。通过打造乡村旅游景点、开展农事体验活动等方式，吸引城市居民前来观光旅游、休闲度假，促进农村经济的多元化发展。

②农业教育：农业不仅是一个产业，更是一个充满知识和智慧的领域。通过开设农业教育课程、举办农业科普活动等方式，向公众普及农业知识，提高人们对农业的认识和兴趣。

③生态农业：生态农业强调在保护生态环境的前提下发展农业生产，通过推广有机农业、循环农业等生态农业模式，减少化肥和农药的使用量，降低农业对环境的污染和破坏。同时生态农业还能提供更加健康、安全的农产品，满足人们对高品质生活的追求。

（三）绿色发展与可持续发展

1. 绿色发展的内涵与意义

绿色发展是一种以效率、和谐、持续为目标的经济增长和社会发展方式，强调在经济发展过程中注重生态环境保护，实现经济、社会和环境的协调发展。在农业领域，绿色发展意味着要减少化肥、农药等化学投入品的使用，推广有机农业、生态农业等可持续农业模式，提高资源利用效率，降低农业生产对环境的负面影响。

绿色发展的意义有以下几个方面。

①保护生态环境：通过减少化学投入品的使用，降低农业面源污染，保护土壤、水源和生物多样性，维护生态平衡。

②提高农产品质量：有机农业、生态农业等模式注重农产品的自然生长和品质提升，能够提供更健康、更安全的农产品。

③促进农业可持续发展：绿色发展注重资源的合理利用和循环利用，减少资源浪费和环境污染，为农业的长期稳定发展奠定基础。

2. 可持续发展的农业实践

可持续发展农业是指在满足当代人需求的同时，不损害后代人满足其需求的能力的农业发展模式。为了实现农业的可持续发展，需要采取以下措施：

①科技创新与智能化发展：利用现代科技手段提高农业生产效率和质量，减少资源浪费和环境污染。例如通过精准农业技术实现农业生产的智能化和精细化管理；利用生物技术培育抗病、高产的作物品种等。

②生态农业与循环农业：推广生态农业和循环农业模式，减少化肥、农药的使用量，利用农业废弃物生产有机肥料等资源化利用方式，实现农业生产的资源循环利用和环境保护。

③水资源管理与保护：农业是用水大户，因此需要加强水资源管理，推广节水灌溉技术，提高水资源利用效率。同时加强水源地保护，防止水污染对农业生产的影响。

④政策支持与引导：政府应出台有利于农业绿色发展和可持续发展的政策措施，如财政补贴、税收优惠、技术支持等，鼓励农民和企业积极参与绿色农业和可持续发展农业的实践。

⑤公众教育与参与：加强公众对绿色农业和可持续发展农业的认识和理解，提高全社会的环保意识和参与度。通过宣传教育、示范推广等方式，引导更多人关注和支持农业的绿色发展和可持续发展。

（四）市场化与品牌化建设

1. 农业市场化建设

农业市场化是指将农业生产、加工、销售等环节纳入市场体系，通过市场机制调节农业资源的配置和农产品的供求关系，实现农业资源的优化配置和农产品的有效供给。

（1）市场化的重要性

提高农产品附加值：市场化通过竞争机制促使农产品生产者提高产品质量，满足消费者多样化需求，从而提高农产品的附加值。

促进农民增收：市场化拓宽了农产品的销售渠道，增加了农民的收入来源，有助于改善农民生活水平。

推动农业产业结构调整：市场化引导农业生产向高效、优质、特色方向发展，推动农业产业结构的优化升级。

（2）市场化推进策略

发展现代农业产业体系：打破传统的小农经济经营模式，引进农业企业、合作社等主体参与农业生产和流通，形成集约化、规模化的农业产业链条。

加强农产品质量认证与标准化建设：推动农产品质量提升，建立科学、规范的质量认证体系，确保农产品的质量安全和市场竞争力。

开拓农产品销售渠道：建立和完善农产品直销、电商平台、农民市场等多样化的销售模式，提高产品的市场覆盖率。

2. 农业品牌化建设

农业品牌化是指通过品牌建设提升农产品的知名度和美誉度，增强农产品的市场竞争力，实现农产品的优质优价。

（1）品牌化的重要性

提高农产品附加值：品牌化使农产品具有独特的标识和形象，提高了产品在消费者心中的价值感，从而提高了农产品的附加值。

增强市场竞争力：品牌化有助于农产品在激烈的市场竞争中脱颖而出，吸引更多消费者关注和购买。

促进农业可持续发展：品牌化推动了农业生产的标准化、规模化、产业化发展，为农业的长期稳定发展提供了有力支撑。

（2）品牌化建设路径

培育优质品种：选择具有优质特点的农产品品种进行培育和推广，提高农产品的品质和口感。

加强包装设计：结合农产品的特色和文化内涵进行包装设计，提升产品的视觉效果和吸引力。

建立品牌推广渠道：通过网络宣传、展会推广、品牌活动等多种方式建立品牌推广渠道，提高品牌的知名度和美誉度。

加强品牌管理与维护：建立健全的品牌管理机制，对品牌进行持续的管理和维护，确保品牌的可持续发展。

3. 市场化与品牌化的互动关系

市场化与品牌化在农业发展中相互促进、相辅相成，市场化为品牌化提供了广阔的市场空间和竞争环境，品牌化则进一步提升了农产品的市场竞争力和市场占有率。通过市场化与品牌化的有机结合，可以推动农业产业向更高水平发展。

综上所述，农业产业转型的发展方向是多元化的，包括技术创新与智能化发展、产业链条延伸与多功能性拓展、绿色发展与可持续发展以及市场化与品牌化建设等。这些方向的选择与实施需要充分考虑市场需求、资源环境约束以及技术进步等因素的影响。通过明确的发展方向和有效的实施策略，可以推动农业产业转型的顺利进行，促进农业经济的持续健康发展。同时政府和社会各界也应加大对农业产业转型的支持力度，为农业现代化和农业经济发展创造更加良好的外部环境。

三、科学技术和信息技术推动农业发展

在当今快速发展的科技时代，科学技术和信息技术已成为推动各行各业进步的重要力量。对于农业而言，这两者的融合与应用更是为传统农业向现代农业的转型提供了前所未有的机遇。

（一）科学技术在农业发展中的应用

1. 生物技术的应用

生物技术是现代农业科技的前沿领域，通过基因工程、细胞培养、微生物发酵等手段，为农业生产带来了革命性的变化。一方面，生物技术可以培育出高产、抗病、抗逆的农作物新品种，新品种在生长过程中能够更好地抵抗病虫害和逆境胁迫，从而提高农产品的产量和质量；另一方面，生物技术还可以应用于畜牧业，通过改良动物品种，提高其生长速度、肉质和奶质，进一步满足市场对高品质农产品的需求。

2. 机械技术的应用

机械技术是农业现代化的重要标志之一，随着科技的进步，现代农业机械技术不断发展，使得农业生产过程更加高效、精准。智能农机具的应用是其中的佼佼者，它们能够自主完成耕作、播种、施肥、收割等一系列农业生产任务，不仅减轻农民的劳动强度，还大大提高了作业效率和精准度。机械技术还可以应用于农产品的加工和储存环节，提高农产品的附加值和市场竞争力。

3. 环保技术的应用

随着环保意识的增强，环保技术在农业发展中的应用也日益受到重视。节水灌溉技术、生态农业技术、土壤修复技术等环保技术的应用，有效减少了农业生产对环境的负面影响。节水灌溉技术通过优化灌溉方式和提高水资源利用效率，减少了农田水资源的浪费；生态农业技术则通过推广有机肥料、生物防治等环保措施，减少了化肥和农药的使用量，保护了农田生态环境。

4. 新型农业材料的应用

新型农业材料的应用也是科学技术在农业发展中的重要体现，这些材料具有轻便、耐用、环保等特点，能够替代传统的农业生产材料，提高农业生产的效益和可持续性。新型农膜的应用可以提高农田的保温保湿效果，促进农作物的生长；新型肥料的应用则可以提高土壤的肥力和农产品的品质。

（二）信息技术在农业发展中的融合

1. 精准农业的实现

信息技术在农业中的融合最直观的体现便是精准农业的发展，通过卫星遥感、无人机巡航、地面传感器等现代信息技术手段，农业生产者可以实时获取农田的土壤湿度、养分状况、气候条件以及作物生长状况等关键信息。数据经过大数据分析和人工智能处理，能够为农业生产提供精准的决策支持。例如智能灌溉系统可以根据土壤湿度传感器的数据自动调整灌溉计划，确保作物在最适宜的水分条件下生长；精准施肥技术则能根据作物对养分的需求进行个性化施肥，提高肥料利用率，减少浪费。精准化的管理方式不仅提高了农业生产效率，还有效保护了生态环境。

2. 农业信息化管理的提升

信息技术在农业管理中的应用，极大地提升了农业信息化管理水平。通过建立农业信息化管理系统，农业生产者可以实时掌握农田的种植情况、病虫害发生情况、农产品销售情况等信息，为农业生产提供及时、准确的指导。同时农业信息化管理系统还可以帮助农业生产者进行生产计划的制定、生产成本的核算以及市场风险的评估等工作，提高农业生产的组织化和科学化水平。农业信息化管理还有助于政府监管部门对农业生产进行远程监控和管理，确保农产品质量安全和农业生态安全。

3. 农产品电子商务的兴起

信息技术的快速发展还推动了农产品电子商务的兴起，通过电商平台，农产品可以直接从生产者销售给消费者，减少中间环节，降低交易成本，提高农产品的市场竞争力。电商平台还可以为农产品提供品牌化、标准化的推广服务，帮助农业生产者打造具有地方特色的农产品品牌，提高农产品的附加值和市场影响力。农产品电子商务的发展还促进了农村物流、仓储等基础设施的完善，为农村经济发展注入了新的动力。

4. 农业智能化装备的研发与应用

信息技术在农业智能化装备的研发与应用中也发挥了重要作用，智能农机具、无人驾驶拖拉机、智能温室等智能化装备的应用，使得农业生产过程更加自动化、智能化。这些装备通过集成高精度导航、环境感知和自动化控制技术，能够自主完成耕作、播种、施肥、收割等一系列农业生产任务，不仅提高了作业效率和精准度，还减轻了农民的劳动强度。智能化装备的应用还有助于降低农业生产对人力资源的依赖程度，提高农业生产的可持续性和稳定性。

（三）科学技术和信息技术对农业发展的综合影响

1. 生产效率与质量的显著提升

科学技术和信息技术在农业中的应用，极大地提高了农业生产的效率和质量。通过引入先进的生物技术，如基因编辑和转基因技术，可以培育出高产、抗病、抗逆的农作物新品种，从而显著提高农产品的产量和品质。现代农业机械技术的广泛应用，如智能农机具和自动化灌溉系统，实现了农业生产过程的机械化、自动化和精准化，大幅降低了人力成本，提高了作业效率。

2. 农业产业结构的优化升级

科学技术和信息技术的融合促进了农业产业结构的优化升级，一方面，通过精准农业技术的应用，农业生产者可以根据市场需求和作物生长特性，合理安排种植结构和品种布局，实现农业生产的多样化和特色化；另一方面，农产品电子商务的兴起打破了传统农产品销售的地域限制，拓宽了农产品销售渠道，促进了农业与二三产业的融合发展。农业大数据和人工智能技术的应用，为农业生产和市场决策提供了科学依据，推动了农业产业链的延伸和价值链的提升。

3. 经济效益与社会效益的双重提升

科学技术和信息技术在农业中的应用，不仅提高了农业生产的经济效益，还带来了显著的社会效益。通过提高农业生产效率和产品质量，农业生产者能够获得更高的经济收益，从而增加农民收入，改善农村生活条件。农业信息化和智能化的发展，促进了农村信息基础设施的完善和农村劳动力的转移就业，推动了农村经济的全面发展。农业科技的进步还有助于保障国家粮食安全和农产品质量安全，维护社会稳定和人民健康。

4. 可持续发展能力的增强

科学技术和信息技术在农业中的应用，为农业可持续发展提供了有力支撑。通过推广节水灌溉、生态农业等环保技术，减少农业生产对水资源和环境的污染破坏，实现农业资源的节约和循环利用。农业信息化和智能化的发展，有助于农业生产者及时掌握市场动态和消费者需求变化，调整生产结构和产品种类，提高农业生产的适应性和竞争力。农业科技的创新还有助于应对气候变化等全球性挑战，保障农业生产的稳定性和可持续性。

综上所述，科学技术和信息技术在农业发展中的应用与融合，为传统农业向现代农业的转型提供了有力支持。通过科技创新和信息技术的广泛应用，农业可以不断提高生产效率、优化产业结构、增强市场竞争力，实现持续健康发展。在未来的农业发展中，应继续加大科技投入，推动科学技术和信息技术的深度融合与应用，为农业现代化和农业经济发展注入新的活力。

第二节 农业产业转型与农村经济结构升级路径

一、大力推进农业产业结构转型升级

农业产业结构的转型升级是农业现代化进程中的重要一环，它不仅关乎农业生产效率的提升，更与农村经济结构的优化升级紧密相连。在当前经济全球化和市场竞争日益激烈的背景下，如何大力推进农业产业结构转型升级，以促进农业经济发展，成为一个亟待解决的重要问题。

（一）优化农业产业布局，提升产业竞争力

1. 明确产业发展方向，聚焦优势特色产业

各地区根据自身的资源禀赋、气候条件、市场需求等因素，选择具有比较优势和发展潜力的农业产业作为主导产业。例如东北地区依托其肥沃的黑土地和适宜的气候条件，大力发展优质粮食生产；西南地区则利用其丰富的生物多样性和独特的生态环境，发展特色果蔬、中药材等产业。

2. 推进农业结构调整，实现产业多元化

推进农业结构调整，实现产业多元化是优化农业产业布局的重要举措。一方面，调整种植结构，优化作物品种布局，提高农产品的品质和市场竞争力；另一方面，大力发展畜牧业、渔业等多元化产业，形成种养结合、农牧循环的农业发展模式。还应积极发展农产品加工业和农村服务业，延长农业产业链条，提高农业附加值。

3. 加强农业科技创新，提升产业技术水平

农业科技创新是提升农业产业竞争力的关键，加强农业科技创新体系建设，加大科研投入力度，推动农业科技成果的转化和应用。通过引进和推广新品种、新技术、新装备，提高农业生产效率和质量。同时加强农业科技人才培养和引进工作，为农业产业发展提供有力的人才支撑。

4. 推动农业品牌建设，提升市场竞争力

品牌是农业产业竞争力的重要体现，加强农业品牌建设工作，培育一批具有地方特色和市场竞争力的农产品品牌。通过加强品牌宣传和推广力度，提高品牌的知名度和美誉度。同时加强农产品质量安全监管工作，确保农产品的品质和安全可靠，为品牌建设提供有力保障。

5. 促进农业产业融合，实现一体化发展

农业产业融合是推动农业产业升级的重要途径，加强农业与二三产业的融合发展，推动农业产业链条的延伸和拓展。通过发展农产品加工业、农村旅游业等产业，实现农业与二三产业的有机结合和相互促进。同时加强农村基础设施建设和社会化服务体系建设，为农业产业融合发展提供有力支撑。

6. 强化政策支持与引导，营造良好发展环境

政策支持与引导是优化农业产业布局的重要保障，政府出台一系列有利于农业产业发展的政策措施，如财政补贴、税收优惠、金融支持等。加强政策宣传和解读工作，确保农民和企业能够充分了解政策内容和操作流程。建立健全的农业产业监测预警体系和市场信息服务体系，为农民和企业提供及时准确的市场信息和决策支持。

（二）促进农业与二三产业的融合发展

1. 农业与二三产业融合发展的意义

①提升农业附加值：通过二三产业的加入，农业产品不再局限于初级农产品，而是可以经过加工、包装、品牌化等环节，提升产品附加值，增加农民收入。

②促进产业结构优化：农业与二三产业的融合发展，有助于推动农业产业结构的优化升级，形成更加合理、高效的产业结构布局。

③增强农业竞争力：二三产业的加入，为农业带来了先进的技术、管理和市场理念，有助于提升农业的整体竞争力和可持续发展能力。

2. 农业与二三产业融合发展的主要模式

①产业链延伸型融合：这种模式以农业为中心，向前向后延伸产业链，将种子、农药、肥料供应与农业生产连接起来，再将农产品加工、销售与农业生产连接起来，形成完整的产业链。例如依托特色农业资源优势，大力发展农产品精深加工及综合利用，提高农产品附加值。

②农业多功能拓展型融合：拓展农业的多种功能，如休闲观光、文化传承、科普教育等，实现农业与旅游、教育、文化等产业的深度融合。例如发展创意农业、农业主题公园、农家乐等休闲农业项目，吸引城市居民前来体验农村生活，促进农村经济发展。

③技术渗透型融合：利用现代信息技术改造传统农业，推动智慧农业的发展。通过物联网、大数据、人工智能等技术的应用，实现农业生产的智能化、精准化和高效化，同时加强农产品电子商务平台建设，拓宽农产品销售渠道。

④产业集聚型融合：在特定区域内，通过政策引导和市场机制的作用，吸引相关产业向该区域集聚，形成产业集群效应。例如建设现代农业产业园区、农业科技园区等产业集聚区，推动农业与加工、物流、服务等产业的集聚发展。

3. 促进农业与二三产业融合发展的措施

加强政策支持和引导：政府出台有利于农业与二三产业融合发展的政策措施，如财政补贴、税收优惠、金融支持等，降低融合发展的成本和风险。

①完善基础设施和公共服务：加强农村基础设施建设，提高农村交通、通信、水电等公共服务水平，为农业与二三产业的融合发展提供良好的硬件环境。

②培育新型农业经营主体：鼓励和支持家庭农场、农民合作社、农业企业等新型农业经营主体的发展，培育一批具有市场竞争力的农业龙头企业和产业集群。

③推动科技创新和成果转化：加强农业科技创新体系建设，推动农业科技成果的转化和应用。通过引进和推广新品种、新技术、新装备，提高农业生产效率和质量。

④加强人才培养和引进：加强农业人才培养和引进工作，为农业与二三产业的融合发展提供有力的人才支撑。通过培训、教育等方式提高农民的职业技能和经营能力。

（三）加强农业科技创新与推广

1. 农业科技创新的重要性

①提高生产效率：通过科技创新，可以研发出更加高效、环保的农业生产技术和装备，提高农业生产效率，降低生产成本。

②优化产业结构：科技创新可以推动农业产业结构的优化升级，促进传统农业向现代农业的转变，提高农业的整体效益。

③保障粮食安全：通过科技创新，可以提高粮食作物的产量和品质，增强粮食生产的稳定性和可持续性，从而保障国家的粮食安全。

④促进农村经济发展：农业科技创新可以推动农村经济的发展，增加农民收入，改善农村生活环境，促进城乡一体化进程。

2. 农业科技创新的推广策略

①政府引导与支持：政府加大对农业科技创新的投入，制定相关优惠政策，鼓励企业、高校和科研机构参与农业科技创新；同时政府还应加强农业科技推广体系的建设，完善农业科技服务体系，为农民提供及时、有效的科技服务。

②产学研结合：推动形成企业为主体、产学研高效协同深度融合的创新体系，促进农业科技成果的转化和应用。鼓励高校和科研机构与农业企业合作，共同研发适合我国农业生产实际的新技术、新产品。

③农民培训与教育：加强对农民的科技培训和教育，提高农民的科技素质和生产技能。通过举办培训班、现场示范等形式，将先进的农业科技成果传授给农民，提高其应用新技术的能力。

④信息化建设：加强农业信息化建设，推动信息技术与农业生产的深度融合。利用互联网、大数据等现代信息技术手段，为农民提供便捷、高效的农业科技信息服务。

⑤国际合作与交流：加强与国际先进农业科技机构和企业的合作与交流，引进国外先进的农业科技成果和管理经验。同时也要积极展示和推广我国的农业科技成果，提高我国农业在国际上的影响力和竞争力。

（四）深化农村改革，释放农业发展活力

1. 深化农村改革的背景与意义

在全面建设社会主义现代化国家的新征程中，农业、农村、农民问题是关系国计民生的根本性问题。深化农村改革，是贯彻落实党的二十大精神、推进乡村全面振兴的必然要求。通过改革，可以破除制约农业农村发展的体制机制障碍，激发农业农村发展的内生动力，推动农业、农村、农民与现代化同步发展。

2. 深化农村改革的主要方向

①完善农村土地制度：稳步推进第二轮土地承包到期后再延长30年的政策，确保农民土地权益的长期稳定，为农业生产的可持续发展奠定基础。健全土地流转价格形成机制，规范土地流转行为，促进土地资源的优化配置和高效利用。加强对工商资本租赁农地的监管和风险防范，确保土地流转市场的健康有序发展。

②深化农村集体产权制度改革：加快农村集体资产清产核资、成员身份确认、股权量化等工作，构建归属清晰、权能完整、流转顺畅、保护严格的农村集体产权制度。推动农村集体经营性资产股份合作制改革，发展新型农村集体经济，增加农民财产性收入。

③培育新型农业经营主体：鼓励和支持家庭农场、农民合作社、农业社会化服务组织等新型农业经营主体的发展，提高其组织化、专业化、社会化水平。通过政策扶持、金融服务等手段，帮助新型农业经营主体解决资金、技术、市场等方面的问题，增强其辐射带动能力。

④加强农业科技创新与推广：加大农业科技研发投入，推动农业关键核心技术的攻关和突破；加强农业科技成果的转化和应用，提高农业生产的科技含量和附加值；加强对农民的科技培训和教育，提高其科技素质和应用新技术的能力。

⑤推进城乡融合发展：推动城乡要素自由流动和平等交换，促进公共资源在城乡间均衡配置。加强农村基础设施和公共服务体系建设，提高农村生产生活水平。促进农业转移人口市民化，推动城乡人口合理布局和有序流动。

3. 深化农村改革的保障措施

①加强组织领导：各级党委和政府要高度重视农村改革工作，加强组织领导，明确责任分工，确保各项改革任务落到实处。

②注重宣传引导：加强农村改革的宣传引导工作，提高广大农民对改革的认识和理解，增强其参与改革的积极性和主动性。

③加强监督评估：建立健全农村改革监督评估机制，定期对改革进展情况进行评估和总结，及时发现问题并采取措施加以解决。

（五）加强政府引导与政策扶持

政府引导与政策扶持是产业结构转型升级的重要推动力，政府制定科学合理的农业产业发展规划和政策措施，明确农业产业结构转型升级的方向和目标。注重发挥政策的引导作用和扶持力度，通过财政补贴、税收优惠、金融支持等措施，鼓励和支持农业企业、农民合作社等市场主体积极参与农业产业结构转型升级的进程。

综上所述，大力推进农业产业结构转型升级是农业现代化和农村经济发展的重要任务。通过优化农业产业布局、促进农业与二三产业的融合发展、加强农业科技创新与推广、深化农村改革以及加强政府引导与政策扶持等措施的实施，可以有效推动农业产业结构的优化升级和农村经济的全面发展。在未来的实践中，需要不断探索和创新农业产业结构转型升级的路径和模式，以适应市场需求的变化和农业发展的新形势，为实现农业现代化和乡村振兴战略目标做出更大的贡献。

二、促进消费主导型经济结构的形成

在农业现代化的进程中，农村经济结构的升级与转型是至关重要的，促进消费主导型经济结构的形成是一个核心环节。消费主导型经济结构意味着农村经济更加依赖于消费需求来拉动增长，而非传统的投资或出口。这种转型不仅有助于提升农业经济的持续性和稳定性，还能促进农民收入的增加和农村生活水平的提高。下面将深入探讨如何通过农业产业转型来促进消费主导型经济结构的形成，并提出相应的策略和建议。

（一）提升农产品质量与品牌价值

1. 强化农产品质量控制

农产品质量是品牌价值的基石，要提升农产品质量，需从生产源头抓起，严格控制农药、化肥等农业投入品的使用，推广绿色、有机的生产方式。同时建立健全农产品质量追溯体系，确保每一个环节都可追溯、可控制，让消费者吃得放心。

2. 推进农业标准化生产

标准化是提升农产品质量的重要途径，通过制定和实施统一的农业生产标准，可以规范农业生产行为，提高农产品的整体品质。积极引进和采用国际先进的农业标准，使我国农产品在国际市场上更具竞争力。

3. 加强农产品品牌建设

品牌是农产品质量与价值的集中体现，提升农产品品牌价值，必须注重品牌建设。一方面，要挖掘和传承农产品的地域文化和特色，打造具有独特魅力的农产品品牌；另一方面，要加大品牌营销力度，通过线上线下多种渠道推广农产品品牌，提高品牌知名度和美誉度。

4. 创新农产品营销模式

营销模式的创新是提升农产品品牌价值的关键，在传统的农产品销售模式基础上，积极探索和实践新的营销模式，如电子商务、直播带货等。这些新模式不仅可以拓宽农产品的销售渠道，还可以更直接地与消费者互动，提升品牌忠诚度。

5. 强化农产品质量安全监管

农产品质量安全监管是保障农产品质量的重要环节，政府应建立健全农产品质量安全监管体系，加强对农产品生产、加工、流通等各个环节的监管，确保农产品质量符合国家和国际标准；同时加大对违法违规行为的惩处力度，维护良好的市场秩序。

（二）发展农产品加工业与延长产业链

1. 农产品加工业的重要性

农产品加工业是农业产业化的重要组成部分，通过对初级农产品的进一步加工处理，提高了农产品的附加值和市场竞争力。随着消费者对食品品质和安全性的要求不断提高，农产品加工业的发展越来越受到重视。通过深加工，农产品可以转化为各种高附加值的食品、饮料、保健品等，满足市场的多元化需求。

2. 延长产业链的必要性

延长产业链是提升农产品加工业竞争力的关键，通过延长产业链，可以实现农产品的多次增值，提高整体经济效益。具体来说，延长产业链包括向前端延伸建设原料基地，保障原料的稳定供应；向后端延伸建设物流营销和服务网络，拓宽销售渠道，提升品牌影响力。同时延长产业链还能够促进一二三产业的融合发展，推动农业产业结构的优化升级。

3. 发展农产品加工业与延长产业链的具体措施

①加强科技创新：推动农产品加工技术的研发和应用，提高加工效率和产品质量。鼓励企业与科研院所、高校等合作，共建农产品加工技术创新平台，加快科技成果的转化和应用。

②优化产业布局：根据区域资源禀赋和产业基础，优化农产品加工业的布局。引导加工企业向产地下沉，建设农产品加工专业原料基地和加工园区，促进农产品就地加工转化、增值增效。

③培育龙头企业：支持农产品加工龙头企业的发展，发挥其示范带动作用。通过政策扶持、资金补助等方式，帮助龙头企业扩大生产规模、提升技术水平、增强市场竞争力；鼓励龙头企业与农户建立紧密的利益联结机制，带动农民增收致富。

④拓展销售渠道：加强农产品加工品的品牌建设和营销推广，提高产品的知名度和美誉度。利用电商平台、直播带货等新兴销售模式，拓宽销售渠道，实现线上线下融合发展；积极开拓国际市场，提高农产品加工品的出口创汇能力。

⑤完善服务体系：建立健全农产品加工业的服务体系，为加工企业提供全方

位的服务支持。包括提供市场信息、技术咨询、质量检测等方面的服务，帮助企业解决生产经营中遇到的问题和困难。

（三）推动农村旅游与休闲农业的发展

1. 农村旅游与休闲农业的定义与意义

农村旅游是指以农村地域及农业资源为特色，吸引游客前来观光、休闲、度假、体验的一种旅游活动。而休闲农业则是将农业生产与旅游服务相结合，为游客提供农业观光、农事体验、农产品采摘等服务的农业经营活动。两者相辅相成，共同构成了乡村旅游的重要组成部分。推动农村旅游与休闲农业的发展，对于优化农业产业结构、促进农民增收、改善农村环境、传承乡村文化等方面具有重要意义。

2. 推动农村旅游与休闲农业发展的主要措施

①加强规划引导：制定科学合理的农村旅游与休闲农业发展规划，明确发展目标、空间布局、重点项目和保障措施。通过规划引导，避免盲目开发和无序竞争，实现资源的合理配置和高效利用。

②完善基础设施：加大农村基础设施建设投入，改善交通、住宿、餐饮等旅游服务设施条件。特别是要加强乡村旅游道路、停车场、旅游厕所等公共服务设施建设，提高乡村旅游的接待能力和服务水平。

③挖掘乡村特色：深入挖掘乡村的自然景观、文化遗产、民俗风情等独特资源，打造具有地方特色的乡村旅游产品和品牌。通过差异化发展，避免同质化竞争，提升乡村旅游的吸引力和竞争力。

④推动产业融合：促进农业与旅游、文化、教育等产业的深度融合，开发农业观光、农事体验、民俗节庆、健康养生等多种旅游产品。通过产业融合，延长产业链条，提高附加值，推动农村经济的多元化发展。

⑤加强宣传推广：利用互联网、新媒体等渠道，加强农村旅游与休闲农业的宣传推广。通过举办乡村旅游节、农产品展销会等活动，提高乡村旅游的知名度和美誉度，吸引更多游客前来体验。

（四）加强农村基础设施建设与改善消费环境

农村基础设施的建设和消费环境的改善是促进消费主导型经济结构形成的基础，政府应加大对农村基础设施的投资力度，提升农村交通、水利、电力等基础设施水平。同时注重改善农村消费环境，包括提升农村商业设施、加强市场监管、保障消费者权益等；这将有助于提升农村居民的消费意愿和消费能力，进一步推动农村经济向消费主导型转型。

（五）引导农民转变消费观念与提升消费能力

农民作为农村经济的主体，其消费观念和消费能力的提升对于促进消费主导型经济结构的形成至关重要。政府和社会各界加强对农民的消费教育，引导其树立科学、理性的消费观念。通过提高农民收入、完善社会保障体系等措施，提升农民的消费能力。

综上所述，促进消费主导型经济结构的形成是农业产业转型与农村经济结构升级的重要目标。通过提升农产品质量与品牌价值、发展农产品加工业与延长产业链、推动农村旅游与休闲农业的发展、加强农村基础设施建设与改善消费环境以及引导农民转变消费观念与提升消费能力等措施的实施，可以有效推动农村经济向消费主导型转型。这将有助于提升农业经济的持续性和稳定性，促进农民收入的增加和农村生活水平的提高。在未来的实践中，需要不断探索和创新促进消费主导型经济结构形成的路径和模式，以适应市场需求的变化和农业发展的新形势。

三、促进消费主导型经济结构的形成

随着农业现代化的不断推进，农村经济结构的升级与转型成为一个重要的议题，促进消费主导型经济结构的形成是农村经济结构升级的关键一环。消费主导型经济结构意味着农村经济更加依赖于消费需求来拉动增长，这种转型不仅有助于提升农业经济的持续性和稳定性，还能进一步促进农民收入的增加和农村生活水平的提高。下面将围绕如何促进消费主导型经济结构的形成展开探讨，并提出相应的策略和建议。

（一）优化农产品供给结构，满足多元化消费需求

促进消费主导型经济结构的形成，需要优化农产品的供给结构，以满足消费者多元化的需求。包括提升农产品的品质、口感和营养价值，以及开发具有地方特色和品牌效应的农产品。通过引进优质品种、推广先进的农业技术和加强农产品质量安全监管，提升农产品的市场竞争力，进一步刺激消费需求。

（二）发展农产品加工业，提升农产品附加值

农产品加工业的发展是促进消费主导型经济结构形成的重要途径，通过加工农产品，提升其附加值，满足消费者对便捷、多样化食品的需求。政府应加大对农产品加工业的扶持力度，鼓励企业引进先进的加工技术和设备，提升加工产品的品质和口感。同时还可以通过品牌建设、营销推广等手段，提升加工农产品的知名度和美誉度，进一步拓展市场空间。

（三）推动农村服务业发展，拓展消费领域

农村服务业的发展也是促进消费主导型经济结构形成的重要一环，农村地区可以结合自身的资源优势，发展特色旅游业、休闲农业、民宿经济等服务业。通过提供优质的旅游服务、农产品体验、文化娱乐等活动，吸引城市居民前来消费，从而拉动农村经济的增长。还可以发展农村电子商务、物流配送等现代服务业，为农村居民提供更加便捷、高效的消费体验。

（四）加强农村基础设施建设，改善消费环境

农村基础设施的建设和消费环境的改善是促进消费主导型经济结构形成的基础，政府加大对农村基础设施的投资力度，提升农村交通、水利、电力等基础设施水平。同时还应注重改善农村消费环境，包括加强市场监管、保障消费者权益、提升农村商业设施等。将有助于提升农村居民的消费意愿和消费能力，进一步推动农村经济向消费主导型转型。

（五）引导农民转变消费观念，提升消费能力

农民作为农村经济的主体，其消费观念和消费能力的提升对于促进消费主导

型经济结构的形成至关重要。政府和社会各界加强对农民的消费教育，引导其树立科学、理性的消费观念。通过提高农民收入、完善社会保障体系等措施，提升农民的消费能力。将有助于激发农村内部的消费需求，推动农村经济结构的转型与升级。

综上所述，促进消费主导型经济结构的形成是农业产业转型与农村经济结构升级的重要目标。通过优化农产品供给结构、发展农产品加工业、推动农村服务业发展、加强农村基础设施建设以及引导农民转变消费观念等措施的实施，可以有效推动农村经济向消费主导型转型。将有助于提升农业经济的持续性和稳定性，促进农民收入的增加和农村生活水平的提高。在未来的实践中，不断探索和创新促进消费主导型经济结构形成的路径和模式，以适应市场需求的变化和农业发展的新形势；政府和社会各界也应加大对农村经济的支持力度，为农业现代化和农村经济结构的升级转型提供有力的保障和支持。

四、加快推进农村三大产业的融合发展

随着农业现代化的深入推进，农村经济结构的优化升级成为迫切需求。在这一背景下，加快推进农村三大产业——农业、加工业和服务业的融合发展，成为促进农业经济发展、提升农民收入的重要途径。融合发展模式不仅有助于提升农业产业链的整体效益，还能推动农村经济结构的多元化和高级化。

（一）强化农业基础地位，促进产业链延伸

农业作为国民经济的基础，其地位不可动摇。在推进农村经济发展的过程中，必须始终坚持强化农业的基础地位，并以此为出发点，促进农业产业链的延伸，实现农业经济的多元化和高级化发展。

强化农业的基础地位，需要关注农业生产效率和产品质量的提升。引进优良品种，通过科学的种植和养殖技术，提高农产品的产量和品质；加强农产品质量安全监管，确保农产品从生产到销售的每一个环节都符合质量标准，从而赢得消费者的信任和市场认可。在提升农业生产效率和产品质量的基础上，进一步推动农业产业链的延伸。将农业生产与加工业、服务业等紧密结合起来，形成一体化的产业链。通过发展农产品加工业，将原材料转化为更高附加值的产品，如将新鲜的水果加工成果汁、果酱等，满足消费者多样化的需求。同时加工业的发展

还可以带动相关产业的发展，如包装、物流等，进一步促进农村经济的繁荣。除了加工业，还可以发展农业服务业，如农业旅游、休闲农业等。通过提供农业观光、农产品采摘、农家乐等服务，吸引城市居民前来体验农村生活，从而拉动农村经济的增长。这种服务业的发展不仅增加农民的收入来源，还可以推动农村文化的传播和旅游业的繁荣。

在促进农业产业链延伸的过程中，还需要注重科技创新和人才培养。科技创新是推动农业经济发展的重要动力，需要不断引进先进的农业技术和设备，提高农业生产的科技含量。同时还需要加强农业人才的培养和引进，为农业经济的发展提供有力的人才保障。政府的支持和引导也是强化农业基础地位、促进产业链延伸的重要因素。政府需要制定科学合理的产业政策和发展规划，为农业经济的发展提供有力的政策支持和资金扶持；同时加强与其他部门的协调合作，形成推动农业经济发展的合力。

（二）发展农产品加工业，提升产品附加值

农产品加工业作为连接农业生产和市场消费的桥梁，对于提升农产品附加值、促进农业经济发展具有重要意义。在农业现代化进程中，大力发展农产品加工业，通过技术创新、品牌建设、市场拓展等手段，实现农产品从初级产品向高附加值产品的转变。

发展农产品加工业，注重技术创新。引进先进的加工技术和设备，提高加工效率和产品质量，是提升农产品附加值的关键。通过技术创新，开发出更多符合市场需求的新产品，如功能性食品、方便食品等，满足消费者多样化的需求；技术创新还可以降低生产成本，提高加工企业的竞争力。

品牌建设是提升农产品附加值的重要途径，在激烈的市场竞争中，品牌是消费者选择产品的重要依据。加强农产品加工品的品牌建设，通过打造知名品牌，提升产品的知名度和美誉度。注重产品质量和食品安全，加强品质控制和监管，确保每一款产品都能达到高标准的质量要求；同时加强品牌营销和推广，通过广告、宣传、促销等手段，提高品牌在消费者心中的认知度和忠诚度。

市场拓展也是提升农产品附加值的重要环节，积极开拓国内外市场，通过参加展会、建立销售渠道、开展电子商务等方式，将农产品加工品推向更广阔的市场。还要关注市场需求的变化，及时调整产品结构和营销策略，以满足不同消费

者的需求。通过市场拓展，实现农产品加工品的规模化生产和销售，进一步提高产品的附加值和市场竞争力。

在发展农产品加工业的过程中，注重产业链的整合和优化。通过加强上下游产业的合作与联动，形成紧密的产业链条，实现资源共享、优势互补，提高整个产业链的效益和竞争力。同时注重环境保护和可持续发展，推动农产品加工业向绿色、环保、高效的方向发展。

（三）拓展农业服务业，增加农民收入来源

拓展农业服务业，需要创新服务模式。传统的农业服务主要局限于农业生产过程中的技术指导和物资供应，而现代农业服务业则要求提供更加全面、多元化的服务。结合农村地区的资源优势，发展特色旅游业、休闲农业、民宿经济等，为城市居民提供独特的乡村体验和农产品消费。同时还可以开展农业技术咨询、市场信息提供、金融服务等，满足农民在生产经营过程中的多样化需求。

提升服务质量是拓展农业服务业的关键，必须注重服务人员的培训和管理，提高他们的专业素养和服务意识。通过引进先进的服务理念和技术手段，提升农业服务业的整体水平，为农民提供更加高效、便捷的服务。同时还要加强服务设施的建设和维护，确保服务环境的舒适和整洁，提升消费者的满意度和忠诚度。

打造服务品牌是拓展农业服务业的重要途径，品牌是服务质量和信誉的象征，具有强大的市场号召力和竞争力。要注重农业服务业的品牌建设，通过提供优质的服务和产品，赢得消费者的信任和口碑。加强品牌的宣传和推广，提高品牌在市场上的知名度和影响力，吸引更多的消费者关注和选择我们的服务。在拓展农业服务业的过程中，注重与农业生产和加工业的融合发展。通过形成紧密的产业链条，实现资源共享、优势互补，提高整个农业产业的综合效益。并关注市场需求的变化，及时调整服务内容和策略，以满足不同消费者的需求。

（四）加强产业融合创新，推动农村经济转型升级

产业融合创新的核心在于将不同产业的优势资源进行有效整合，形成新的产业形态和经济增长模式。在农村地区，将农业与加工业、服务业、旅游业等相结合，打造多元化的农村产业体系。例如通过发展农业旅游，将农田、果园、养殖场等转变为旅游景点，吸引城市居民前来体验农村生活，从而带动农村经济的

发展。

为了实现产业融合创新，我们需要采取一系列具体的措施。一是加强产业间的合作与联动，包括鼓励农业企业与加工企业、服务企业之间的合作，共同开发新产品、新市场，实现资源共享和优势互补。二是推动技术创新和模式创新，通过引进先进的农业技术和设备，提高农业生产效率和产品质量。同时探索新的经营模式，如电子商务、农业众筹等，为农产品销售和市场拓展提供新的渠道。

在产业融合创新的过程中，政府的支持和引导同样重要。政府需要制定科学合理的产业政策，为产业融合提供政策支持和资金扶持。例如设立专项资金，支持农业企业与其他产业的合作项目；加强市场监管和服务，确保产业融合过程中的公平竞争和市场秩序。

产业融合创新还需要注重人才培养和引进，通过加强农业教育和职业培训，提高农民的专业技能和创业能力。同时鼓励大学生和返乡青年投身农村产业融合创新，为农村经济带来新的发展理念和活力。产业融合创新对于推动农村经济转型升级具有重要意义，它不仅有助于提升农产品的附加值和市场竞争力，还能为农民提供更多的就业机会和增收渠道。通过产业融合创新，实现农村经济的多元化和高级化发展，为农民创造更加美好的生活条件。

综上所述，加快推进农村三大产业的融合发展是促进农业经济发展、提升农民收入的重要途径。通过强化农业基础地位、发展农产品加工业、拓展农业服务业、加强产业融合创新以及政府引导与社会参与相结合等措施的实施，可以有效推动农村经济的转型升级和可持续发展。在未来的实践中，需要不断探索和创新农村产业融合发展的路径和模式，以适应市场需求的变化和农业发展的新形势。政府和社会各界也应加大对农村产业融合发展的支持力度，为农业现代化和农村经济的转型升级提供有力的保障和支持。

五、充分发挥乡镇政府的职能作用

在农业现代化的进程中，农业产业转型与农村经济结构升级是推动农业经济发展的重要途径。这一过程中，乡镇政府作为连接城市与农村、政府与农民的桥梁，其职能作用的发挥至关重要。乡镇政府不仅要贯彻落实上级政府的政策，还要结合本地实际情况，制定和执行适合本地发展的策略和措施。因此充分发挥乡镇政府的职能作用，对于促进农业产业转型和农村经济结构升级具有重要意义。

（一）政策引导与扶持

乡镇政府应充分发挥政策引导与扶持的职能，为农业产业转型和农村经济结构升级提供有力的政策保障。具体而言，乡镇政府应深入解读中央和省级政府的农业政策，结合本地实际，制定具体的实施方案和扶持政策。例如针对特色农业、生态农业、休闲农业等新兴产业，出台税收优惠、资金扶持、土地使用等优惠政策，吸引社会资本投入，推动产业快速发展。

（二）公共服务与基础设施建设

公共服务是农村社会稳定和农民生活品质提升的重要保障，教育、医疗、文化等公共服务设施的完善，能够让农民享受到与城市居民相当的生活水平，提高农民的幸福感和归属感。例如农村学校的建设和教育资源的投入，能够确保农民子女接受到良好的教育，提高他们的文化素养和就业能力；农村医疗机构的完善，能够让农民在生病时得到及时有效的治疗，保障他们的身体健康；农村文化设施的建设，能够丰富农民的精神文化生活，提升他们的文化素养和审美能力。

基础设施建设是农村经济发展的重要基础，交通、水利、电力等基础设施的完善，能够提高农村的生产生活条件，降低农业生产的成本，提高农产品的竞争力。例如农村交通设施的改善，能够让农产品更加便捷地运输到市场，提高农产品的销售效率；农村水利设施的完善，能够保障农田的灌溉和排水，提高农作物的产量和质量；农村电力设施的改善，能够提供稳定的电力供应，支持农业生产的机械化和自动化。

在公共服务与基础设施建设的过程中，乡镇政府应发挥主导作用。乡镇政府深入了解农民的需求和期望，结合本地的实际情况，制定科学合理的公共服务与基础设施建设规划。同时积极争取上级政府的资金支持和政策扶持，引导社会资本投入农村公共服务与基础设施建设领域。为了实现公共服务与基础设施建设的可持续发展，乡镇政府还应注重建立长效的管理机制。包括制定完善的管理制度，确保公共服务与基础设施设施的运行和维护；加强管理人员的培训和管理，提高他们的专业素养和服务意识；还应注重引导农民参与公共服务与基础设施的管理和维护，培养责任感和归属感。

（三）市场培育与拓展

市场培育是拓展农村市场的基础，针对当前农村市场发育不足、农产品销售渠道单一等问题，乡镇政府积极引导和扶持农民成立各类专业合作社、协会等组织，提高农民的组织化程度，增强他们的市场竞争力。同时通过举办农产品展销会、交易会等活动，为农民提供展示和销售农产品的平台，帮助他们拓宽销售渠道，提高农产品的知名度和市场影响力。

在市场培育的基础上，乡镇政府还应注重市场的拓展。包括推动农产品线上销售，利用电商平台、社交媒体等渠道，打破地域限制，将农产品销往更广阔的市场。同时鼓励农民发展订单农业、直销农业等新型农业经营模式，减少中间环节，提高农产品的附加值。乡镇政府还应积极与外地客商对接，吸引他们来本地采购农产品，进一步拓展农产品的销售渠道。

为了实现市场的可持续培育与拓展，乡镇政府还应注重品牌建设和市场营销。打造具有地方特色的农产品品牌，提高农产品的品质和信誉度，增强消费者的购买意愿和忠诚度；加大市场营销力度，利用广告、宣传等手段提高农产品的知名度和美誉度，进一步拓展市场份额。

在市场培育与拓展的过程中，乡镇政府还应注重培养农民的市场意识和营销能力。通过培训、指导等方式，帮助农民了解市场需求和消费者心理，提高他们的市场营销能力和谈判技巧。鼓励农民创新营销方式，利用互联网、社交媒体等新媒体手段进行产品宣传和销售。市场培育与拓展是推动农业现代化的重要举措，通过培育和拓展市场，可以提升农产品的附加值和市场竞争力，增加农民的收入来源；同时也有助于吸引更多的社会资本投入农村市场建设和发展中；进而推动农业产业转型和农村经济结构升级目标的实现；为农村经济的持续、健康、快速发展提供有力支撑。

（四）科技创新与推广

科技创新是农业现代化的核心驱动力，在农业科技领域，不断涌现出的新技术、新装备为农业生产带来了革命性的变化。例如智能农业技术通过物联网、大数据等现代信息技术手段，实现农业生产过程的精准化管理和智能化决策，大大提高了农业生产的效率和产品质量。生物技术的应用，使得农作物育种更加高效，能够培育出抗病虫害、耐逆境、高产优质的新品种，为农业生产带来显著的效益。

科技创新只是第一步，如何将这些科技成果推广到实际生产中，让其发挥应有的效益，才是关键，因此科技推广显得尤为重要。乡镇政府应积极发挥桥梁和纽带作用，将农业科技成果与农民实际需求相结合，通过举办培训班、现场示范、技术指导等方式，帮助农民掌握新技术、新装备的使用方法，提高他们的科技素质和生产技能。注重农业科技人才的培养和引进，通过制定优惠政策、提供良好的工作环境和生活条件，吸引更多的农业科技人才到农村来工作和服务；同时加强与高校、科研院所等单位的合作与交流，共同开展农业科技研发和推广工作，为农业现代化提供强有力的人才支撑。

实现科技创新与推广的可持续发展，注重建立长效的机制。包括制定完善的科技创新政策，鼓励企业和社会资本投入农业科技研发；建立农业科技推广基金，为科技推广提供稳定的资金支持；同时还应加强知识产权保护，保护农业科技创新成果的合法权益。

（五）社会组织与农民参与

在农业现代化的道路上，社会组织与农民的积极参与是推动农业产业转型和农村经济结构升级不可或缺的力量。社会组织作为农民与政府、市场之间的桥梁，能够汇聚农民的力量，提升他们的组织化程度，从而更好地应对市场的挑战，把握发展的机遇；而农民的积极参与，则是农业现代化进程中的活力源泉，他们的创新精神和实践探索，为农业经济的发展注入了新的动力。

社会组织在农业现代化中扮演着重要的角色，它们能够整合农民的资源，提供技术、信息、市场等多方面的服务，帮助农民提高生产效率，增加收入。例如，农民专业合作社通过统一采购、统一销售等方式，降低了农民的生产成本，提高了农产品的市场竞争力。同时社会组织还能够代表农民与政府、企业等外部主体进行沟通和协商，维护农民的合法权益，促进农村社会的和谐稳定。

农民的积极参与是农业现代化的关键，他们不仅是农业生产的主体，也是农业经济发展的直接受益者。激发农民的积极性和创造力，引导他们参与到农业现代化的进程中来，是至关重要的。政府和社会组织应该为农民提供更多的培训和教育机会，提升他们的科技素质和生产技能，让他们能够更好地适应市场的需求和变化。同时还应该鼓励农民创新农业经营模式，发展特色农业、生态农业等新兴产业，为农业经济的发展注入新的活力。

为了实现社会组织与农民的良性互动和共同发展，需要构建更加完善的合作机制。政府应该加大对社会组织的扶持力度，为它们提供更多的政策支持和资金帮助，让它们能够更好地为农民服务。同时加强与农民的沟通和联系，了解他们的需求和期望，制定更加符合实际的农业政策和措施。培养农民的合作意识和团队精神，通过加强农村社区建设、开展丰富多彩的文化活动等方式，增强农民的集体归属感和荣誉感，让他们更加愿意为了共同的目标而努力奋斗。

综上所述，充分发挥乡镇政府的职能作用对于促进农业产业转型和农村经济结构升级具有重要意义。乡镇政府通过政策引导与扶持、公共服务与基础设施建设、市场培育与拓展、科技创新与推广以及社会组织与农民参与等多方面的措施和手段，为农业产业转型和农村经济结构升级提供有力的支持和保障。在未来的发展中，乡镇政府还应不断探索和创新工作方式和方法，以适应农业现代化和农村经济发展的新形势和新要求。同时也应注重加强乡镇政府自身的建设和管理，提高服务水平和能力，为农民提供更好的服务和支持。只有这样，才能真正实现农业产业转型和农村经济结构升级的目标，推动农业经济的持续、健康、快速发展。

第六章 农业技术进步与农业经济发展

第一节 农业技术进步影响

一、农业技术进步对农民收入的影响

农业是国民经济的基础，而农业技术的进步则是推动农业经济发展的关键力量。随着科技的不断进步，农业技术也在日新月异地发展，这些技术进步不仅提高了农业生产效率，还深刻影响着农民的收入水平。

（一）农业技术进步提升生产效率

农业技术进步在推动农业生产效率提升方面发挥着至关重要的作用，随着科技的不断创新和应用，农业生产方式正经历着深刻的变革，这些变革不仅提高农作物的产量和质量，还极大地优化了农业生产流程，降低了生产成本，为农业经济的可持续发展奠定了坚实基础。

农业技术进步对生产效率的提升体现在机械化程度的提高，传统的农业生产方式主要依赖人力和畜力，生产效率低下，劳动强度大。而今现代化的农业机械如拖拉机、收割机、播种机等广泛应用于农田，极大地减轻了农民的劳动强度，提高了作业效率。这些机械设备能够精准地完成耕种、播种、收割等作业，不仅节省了时间，还提高了农作物的产量和质量。除了机械化程度的提高，农业技术进步还带来了种植养殖技术的革新。通过应用先进的生物技术，如基因编辑、转基因技术等，科学家们成功培育出抗病虫害、耐逆境、高产优质的新品种，这些新品种的农作物在生长过程中能够更好地适应环境，抵抗病虫害的侵袭，从而提高产量和质量；同时养殖技术的革新也使得畜牧业的生产效率得到了显著提升，现代化的养殖设备和饲料配方的优化使得牲畜的生长速度更快，肉质更佳。

信息化技术的应用也是农业技术进步的重要体现，物联网、大数据、云计算等信息技术在农业领域的应用越来越广泛，它们能够实现农业生产过程的精准化管理和智能化决策。通过传感器、无人机等设备收集农田的实时数据，农民可以更加准确地了解土壤湿度、养分状况、气候变化等信息，从而做出更加科学的种植决策。这种精准化的管理方式不仅提高了生产效率，还减少了资源的浪费和环境的污染。农业技术进步还促进了农业产业结构的优化和升级，随着生产效率的提升，农业生产逐渐从传统的粗放型向集约型转变，农业产业链也在不断延伸和完善。农民不再仅仅从事单一的种植或养殖活动，而是参与到农产品加工、销售、物流等多个环节中来，实现了产业的多元化和增值。这种产业结构的优化不仅提高了农业的整体效益，还为农民提供了更多的就业机会和收入来源。

（二）农业技术进步拓宽收入渠道

农业技术进步不仅提升了农业生产效率，还为农民拓宽了收入渠道，带来了更多的经济机遇。随着科技的不断创新和应用，农业生产方式发生了深刻变革，农民的收入来源也日趋多元化。传统的农业生产主要依赖农产品的销售来获取收入，而农业技术的进步使得农民可以通过参与农产品加工来增加收入。现代化的农产品加工技术能够将原材料转化为更高附加值的产品，如将水果加工成果汁、果酱，将谷物加工成面粉、米粉等。这些加工品在市场上更具竞争力，能够为农民带来更高的收益。同时农产品加工产业的发展也带动了相关产业链的形成，为农民提供了更多的就业机会和收入来源。

农业技术的进步还促进了农业与旅游业的融合发展，为农民开辟了新的收入渠道。农业旅游作为一种新兴的旅游业态，吸引了大量城市居民前来体验乡村生活和农业文化。农民利用自己的农田、果园、养殖场等资源，开展农业观光、采摘体验、农家乐等活动，吸引游客前来消费。这种农业与旅游业的结合不仅为农民带来了直接的旅游收入，还促进了农产品的销售和品牌推广。

农村电商的兴起也是农业技术进步带来的重要机遇，通过互联网平台，农民可以将自己的农产品直接销售给消费者，省去了中间环节，提高了销售效率和利润空间。农村电商还为农民提供了更多的市场信息和销售渠道，帮助他们更好地了解市场需求和消费者偏好，从而调整生产策略和产品结构。农业技术进步还推动了农业产业结构的调整和升级，为农民带来了更多的收入机会。随着农业生产效率的提升和产业链条的延伸，农民可以参与到更多高附加值的产业环节中来，如农产品物流、品牌营销、技术研发等。这些环节的参与不仅提高农民的收入水平，还提升他们的职业技能和综合素质。

（三）农业技术进步提高农产品质量

传统的农业生产方式往往依赖于经验和传统技术，农产品的品质难以得到保证。随着农业技术的进步，现代化的种植和养殖技术被广泛应用于农业生产中。通过精准的施肥、灌溉和病虫害防控，农产品能够在更加优越的生长环境中茁壮成长，从而提高了其品质和口感。例如利用智能温室和精准农业技术，农民可以更好地控制温度、湿度和光照等环境因素，为农作物提供最佳的生长条件。

农业技术进步还带来了新品种的培育和推广，通过基因编辑、转基因等生物技术手段，科学家们成功培育出抗病虫害、耐逆境、高产优质的新品种。这些新品种的农作物不仅具有更强的适应性和抗逆性，还能够在不良环境条件下保持稳定的产量和品质。同时新品种的推广也使得农产品的种类更加多样化，满足了消费者对不同口味和营养需求的选择。

农产品质量安全的提升也是农业技术进步的重要贡献之一，传统的农业生产中，由于技术水平和管理手段的限制，农产品往往容易受到污染和残留物的影响。、随着农业技术的进步，现代化的农产品质量检测技术被广泛应用于生产中。通过严格的检测和监控，农民可以及时发现并处理农产品中的潜在问题，确保其质量和安全。不仅保护了消费者的健康权益，还增强了消费者对农产品的信任度和购买意愿。农业技术进步还促进了农产品加工和贮藏技术的发展，通过先进的加工技术和贮藏设备，农产品可以在采摘后得到更好的处理和保存，从而延长其保质期和品质。这不仅减少农产品的损失和浪费，还提高其附加值和市场竞争力。例如利用冷链技术和气调贮藏技术，农民可以将新鲜的水果和蔬菜远销到更远的市场，为消费者提供更加优质和丰富的农产品选择。

（四）农业技术进步促进农业结构调整

1. 优化种植养殖结构

农业技术进步使得农民能够根据市场需求和资源条件，科学合理地调整种植养殖结构。通过引进和推广高产、优质、抗逆性强的新品种，农民可以逐步淘汰低产、劣质、易受病虫害侵袭的老品种，从而提高农作物的产量和品质，增加养殖业的效益。例如利用基因编辑和转基因技术培育出的新品种作物，不仅具有更高的产量和更好的品质，还能适应更广泛的气候和土壤条件，有助于农民根据当地实际情况调整种植结构。

2. 推动农业产业链延伸

农业技术进步促进了农业产业链的延伸和完善，随着农产品加工技术的提高和贮藏保鲜技术的进步，农产品可以经过深加工后增值出售，提高了农产品的附加值。鼓励农民不仅关注农产品的生产环节，还积极参与到加工、销售等环节中来，形成完整的产业链。农业与旅游、文化等产业的融合发展也为农业结构调整提供了新的思路，如农业观光、农家乐等新型业态的兴起，不仅丰富了农业的功能和内涵，还带动了农村经济的发展。

3. 促进农业区域化布局

农业技术进步有助于形成农业区域化布局，不同地区由于气候、土壤等自然条件的不同，适合种植的农作物种类也有所不同。通过农业技术的推广和应用，农民可以更加精准地选择适合当地条件的农作物进行种植，从而形成具有区域特色的农业产业。这种区域化布局不仅有利于发挥各地的比较优势，提高农业生产的效率和效益，还有助于形成品牌效应，提高农产品的市场竞争力。

4. 提升农业可持续发展能力

农业技术进步在促进农业结构调整的同时，也注重提升农业的可持续发展能力。通过推广节水灌溉、测土配方施肥、病虫害绿色防控等环保型农业技术，可以减少化肥农药的使用量，降低农业面源污染，保护生态环境；农业废弃物资源化利用技术的研发和应用也为农业可持续发展提供了有力支撑。这些技术的推广和应用不仅有助于解决农业废弃物处理问题，还能将其转化为有价值的资源，实现农业资源的循环利用。

综上所述，农业技术进步对农民收入的影响是多方面的、深远的，它不仅提高了农业生产效率，降低了生产成本，还拓宽了农民的收入渠道，提高了农产品的质量和市场竞争力。这些影响共同作用于农业生产的全过程，使得农民在现代化的农业发展中获得了更多的实惠和收益。因此应该更加重视农业技术的进步和创新，将其作为推动农业经济发展和增加农民收入的重要手段。政府和社会各界也应该加大对农业技术进步的投入和支持力度，为农业现代化和农民收入的持续增长创造更加有利的环境和条件。

二、农业技术进步与粮食供给安全的关系

粮食供给安全是国家安全的重要组成部分，关系到国计民生和社会稳定。随着人口增长、消费升级以及资源环境约束加剧，保障粮食供给安全面临着前所未有的挑战。农业技术进步作为提升农业生产能力、优化资源配置效率的关键手段，对于保障粮食供给安全具有不可替代的作用。

（一）农业技术进步提升粮食生产能力

农业技术进步是推动粮食生产能力提升的关键因素，它不仅直接作用于农业生产过程，还通过优化资源配置、提高生产效率等途径，为粮食增产提供了强有力的支撑。

农业技术进步的核心在于科技创新与应用，近年来，随着生物技术的飞速发展，作物育种技术取得了显著突破。通过基因编辑、转基因等现代生物技术手段，科学家们成功培育出一系列高产、优质、抗逆性强的作物新品种。这些新品种不仅具有更高的产量潜力，还能在恶劣环境条件下保持稳定的生长和产量，从而有效提升了粮食生产的"天花板"。除了作物育种技术的革新，农业机械化、智能化水平的提升也为粮食生产能力带来了质的飞跃。现代化的农业机械装备如智能播种机、精准施肥机、高效收割机等，能够大幅提高农业生产效率，减少人力成本，确保农作物在最佳生长时期得到及时、精准的田间管理；而智能农业技术的应用，如物联网、大数据、人工智能等，更是实现了对农作物生长环境的精准监测和调控，为粮食生产提供了更加科学、高效的管理手段。

农业技术进步还促进了农业资源的高效利用，在传统的农业生产模式下，由于技术水平的限制，农业资源如水资源、肥料等往往得不到充分、合理的利用，导致资源浪费和环境污染问题严重；而现代农业技术的进步，如节水灌溉技术、测土配方施肥技术等，能够实现农业资源的精准投入和高效利用，减少资源浪费和环境污染，提高粮食生产的可持续性。

农业技术进步还推动了农业生产方式的变革，传统的农业生产往往依赖于经验和传统技术，缺乏科学性和精准性。现代农业技术的进步，使得农业生产更加科学化、精准化。农民可以根据作物生长的需要和土壤条件，精准地控制施肥量、灌溉量等生产要素，为作物生长提供最佳的生长环境和营养支持。这种生产方式的变革不仅提高粮食生产的效率和质量，还降低了生产成本和风险。

（二）农业技术进步优化粮食生产结构

农业，作为人类文明的基石，其发展历程始终伴随着技术的革新与进步。在21世纪的今天，农业技术进步不仅提升了粮食生产的效率与产量，更为粮食生产结构的优化调整提供了强大的驱动力。

随着市场需求的不断变化和消费者偏好的日益多样化，传统的粮食生产模式已经难以满足社会的多元化需求。而农业技术的进步，如同一股清流，为粮食生产注入了新的活力。使得农民们不再局限于传统的种植结构和生产方式，而是能够根据市场的信号灵活调整种植结构，增加那些具有高附加值、市场需求旺盛的粮食作物种植面积，同时减少那些低产低效作物的种植。这种生产结构的优化调整，不仅提高了农民的收入水平，使他们能够更好地分享到市场发展的红利，还增强了粮食供给的多样性和灵活性。在过去，由于生产技术的限制，农民们往往只能种植一些传统的、市场需求相对稳定的粮食作物。而如今，随着技术的进步，可以根据市场的变化灵活调整种植结构，种植更受消费者欢迎、更具市场竞争力的粮食作物。

农业技术进步对粮食生产结构的优化还体现在对粮食质量的提升上，通过采用先进的种植技术和管理方法，农民们可以生产出更高品质、更符合消费者需求的粮食作物。高质量的粮食产品不仅在国内市场上受到欢迎，还在国际市场上具有一定的竞争力，为我国的粮食出口创造了更多的机会。农业技术进步还促进了粮食生产的可持续发展，在过去，由于生产技术的落后，农民们在种植过程中往往过度使用化肥和农药，导致土壤污染和生态环境破坏。而如今，随着技术的进步，农民们可以采用更加环保、可持续的种植方式，减少化肥和农药的使用量，保护生态环境，实现粮食生产的可持续发展。

由农业技术进步引发的粮食生产结构革命，不仅改变了农业生产方式和粮食供给格局，还为农业发展带来了新的机遇和挑战。它要求必须更加重视农业技术的研发和推广，加强农民的技术培训和教育，提高他们的技术水平和市场意识，使他们能够更好地适应市场的变化和需求。

（三）农业技术进步增强粮食供给稳定性

农业技术进步对粮食供给稳定性的影响是深远且多方面的，从生产角度看，技术的革新使得粮食生产效率大幅提升，传统的农耕方式往往受制于天气、土壤等自然条件，产量波动较大；而今随着现代农业技术的应用，如精准农业、智能灌溉、病虫害综合防治等，粮食生产更加高效、稳定。这些技术不仅提高了单位面积的产量，还有效降低了自然灾害对粮食生产的影响，从而确保了粮食供给的连续性。

农业技术进步还促进了粮食储备能力的提升，在过去由于缺乏有效的储存技术和设施，粮食损失严重，难以长期保存；而现在随着冷藏技术、干燥技术、防虫技术等的发展，粮食的储存期限大大延长，损失率显著降低。意味着国家可以在丰收年份积累更多的粮食储备，以应对出现的歉收或紧急情况，从而进一步增强了粮食供给的稳定性。

农业技术进步还推动了粮食流通体系的完善，在现代物流技术的支持下，粮食可以更加快速、准确地从产地运送到消费地，减少了流通环节中的损失和浪费。同时信息技术的发展也使得粮食市场的信息更加透明，有助于政府和市场主体更好地把握粮食供需状况，做出合理的生产和消费决策。农业技术进步还促进了粮食产业的多元化发展，通过技术创新，农业不再仅仅局限于传统的粮食作物种植，而是向更加广泛、多元的方向发展。例如生物技术的应用使得一些非传统粮食作物如木薯、甜菜等也可以成为重要的粮食来源；而农业废弃物的资源化利用则进一步拓宽了粮食生产的边界。这种多元化的发展不仅丰富了粮食供给的来源，也提高了粮食供给的抗风险能力。

（四）农业技术进步促进粮食产业链延伸

农业技术进步对粮食产业链延伸的促进作用首先体现在生产环节的优化上，传统的粮食生产方式往往局限于单一的种植环节，而现代农业技术的应用则使得粮食生产变得更加高效、智能。例如精准农业技术的运用，使得农民能够根据土壤、气候等环境因素精准施肥、灌溉，提高了粮食的产量与质量。这种生产环节的优化为粮食产业链的延伸提供了坚实的基础，使得粮食加工、储存、运输等后续环节得以更加顺畅地进行。

农业技术进步推动了粮食加工环节的升级，随着科技的进步，粮食加工技术不断革新，加工产品的种类与质量也得到了显著提升。现代粮食加工技术不仅能够将原粮转化为更加多样化、营养化的食品，还能够通过深加工提取粮食中的有效成分，开发出具有特定功能的食品或保健品。这种加工环节的升级不仅丰富了粮食产品的种类，也提高了粮食的附加值，为粮食产业链的延伸增添了新的动力。

农业技术进步还促进了粮食流通与销售环节的革新，传统的粮食流通方式往往受制于交通、信息等因素的限制，而现代农业物流技术的发展则使得粮食能够快速、准确地从产地运送到消费地；电子商务的兴起也为粮食销售提供了新的渠道，使得粮食产品能够更加便捷地到达消费者手中。这种流通与销售环节的革新不仅提高了粮食的流通效率，也拓宽了粮食市场的边界，为粮食产业链的延伸提供了更加广阔的空间。

农业技术进步还推动了粮食产业与其他产业的融合发展，例如农业与旅游业的结合，形成农旅融合的新业态，使得消费者能够在体验农业生产的过程中感受到粮食文化的魅力；农业与文化的结合，则催生粮食文化产业的兴起，使得粮食不仅仅是一种物质产品，更是一种承载着历史与文化传承的精神符号。跨产业的融合发展不仅丰富了粮食产业链的内涵，也为农业的现代化发展注入了新的活力。

综上所述，农业技术进步与粮食供给安全之间存在着密不可分的关系。农业技术进步通过提升粮食生产能力、优化粮食生产结构、增强粮食供给稳定性以及促进粮食产业链延伸等多种方式，为保障粮食供给安全提供了有力支撑。在未来农业发展过程中，应继续加大农业科技创新力度，推动农业技术进步与农业生产实践的深度融合，为实现农业现代化和粮食供给安全做出更大贡献；同时政府和社会各界也应加强对农业技术进步的关注和支持，共同推动农业经济的持续健康发展。

第二节　农业经济发展趋势

一、面向农业领域的大数据关键技术

随着信息技术的迅猛发展，大数据已成为推动各行各业转型升级的重要力量。在农业领域，大数据技术的应用正逐步改变着传统的农业生产方式，为农业经济发展注入了新的活力。

（一）大数据在农业资源管理与利用中的应用

农业资源是农业生产的基础，其管理与利用的效率直接影响到农业经济的发展。随着大数据技术的快速发展，其在农业资源管理与利用中的应用日益广泛，为农业资源的精细化管理与高效利用提供了新的手段和方法。

大数据技术在农业资源管理中的应用主要体现在对土地、水、气候等资源的监测与评估上，传统的农业资源管理往往依赖于人工的观测和经验判断，难以实现对资源状况的全面、准确掌握；而大数据技术可以通过传感器、遥感等手段实时收集农田的土壤质量、水分含量、气候条件等数据，并进行整合、分析，为农民和农业管理者提供精准的资源分布、利用状况及优化建议。不仅提高了资源管理的效率，还有助于实现资源的可持续利用。

在农业资源利用方面，大数据技术也发挥着重要作用。通过对农业生产过程中的各种数据进行分析，大数据技术可以优化农业生产计划，提高农业生产效益。例如根据土壤质量和气候条件，大数据技术可以为农民提供科学的灌溉和施肥建议，从而减少资源浪费，提高农作物产量和质量。大数据技术还可以帮助农民预测农作物的生长周期和产量，为农产品的销售和加工提供有力支持。大数据技术的应用还促进了农业资源的共享与协同管理，通过构建农业大数据平台，不同地区的农民和农业管理者可以共享资源信息，实现资源的优化配置和协同管理。不仅有助于解决资源分布不均的问题，还可以提高农业资源的整体利用效率。

（二）大数据在农业生产决策支持中的角色

大数据技术为农民和农业管理者提供了全面的生产数据，通过传感器、遥感、物联网等手段，大数据技术可以实时收集农田的土壤质量、水分含量、气候条件、农作物生长状况等数据，并进行整合、分析。这些数据为农民和农业管理者提供了全面的生产信息，使他们能够更加准确地了解农田的实际状况，为制定科学的生产决策提供依据。大数据技术可以对历史生产数据进行深度挖掘和分析，通过对历史气象数据、农作物生长数据、市场需求数据等进行研究，大数据技术可以揭示出农作物生长的最佳条件、市场需求的变化趋势等规律。这些信息对于农民和农业管理者来说具有重要的参考价值，可以帮助他们更加科学地制定生产计划、调整种植结构、选择适合的农作物品种等。

大数据技术还可以为农民和农业管理者提供个性化的决策支持，不同的农田、不同的农作物、不同的市场环境都需要不同的生产决策。大数据技术根据农田的实际状况、农民的生产经验、市场的需求状况等因素，为农民和农业管理者提供个性化的决策建议。这些建议既符合农田的实际状况，又考虑到了市场的需求和农民的生产经验，因此更加具有针对性和实用性。大数据技术还可以帮助农民和农业管理者降低生产风险，农业生产面临着自然灾害、市场波动等多种风险。大数据技术可以通过对历史灾害数据、气象数据、农作物病虫害数据等的分析，帮助农民和农业管理者识别潜在的风险因素，制定有效的风险管理策略。同时大数据技术还可以提供实时的灾害预警信息，帮助农民及时采取应对措施，降低灾害对农业生产的影响。

（三）大数据在农产品市场预测与定制化服务中的创新

大数据技术在农产品市场预测中发挥着重要作用。传统的市场预测方法往往依赖于历史数据和经验判断，难以准确反映市场变化的实时性和复杂性。而大数据技术可以通过对海量市场数据的实时收集、整合和分析，揭示出农产品市场的潜在规律和趋势。通过对历史价格、销售量、消费者行为等数据的深度挖掘，大数据技术可以预测未来的农产品市场需求和价格走势，为农民和农业企业提供科学的市场决策依据。有助于农民和农业企业合理安排生产计划，调整产品结构，避免市场波动带来的风险。

在定制化服务方面，大数据技术也展现出了巨大的创新潜力。随着消费者对农产品品质、口感、营养价值等需求的多元化，定制化服务成为满足消费者个性化需求的重要途径。大数据技术可以通过对消费者购买行为、偏好、反馈等数据的分析，揭示出消费者的潜在需求和消费趋势。基于这些数据，农民和农业企业可以开展精准的农产品定制化生产和服务，为消费者提供符合其个性化需求的农产品。不仅提升了农产品的附加值和市场竞争力，还增强了消费者对农产品的满意度和忠诚度；大数据技术的应用还促进了农产品供应链的优化和协同管理。通过构建农产品大数据平台，不同环节的参与者可以共享市场信息、生产数据、库存情况等资源，实现供应链的透明化和协同化管理。有助于减少信息不对称和资源浪费，提高供应链的响应速度和整体效率；同时大数据技术还可以对供应链中的潜在风险进行预警和管理，保障农产品的质量和安全。

（四）大数据在农业风险管理与可持续发展中的作用

1. 大数据在农业风险管理中的作用

①自然灾害风险预警：大数据技术能够整合气象、地质等多源数据，通过复杂的算法模型对自然灾害进行预测和预警。例如结合历史气象数据和实时卫星遥感数据，大数据技术可以预测台风、干旱、洪涝等自然灾害的发生概率和影响范围，为农民和农业企业提供及时的灾害预警信息，减少灾害损失。

②病虫害监测与防控：通过无人机、地面传感器等设备收集农田病虫害数据，大数据技术可以对病虫害的发生趋势进行实时监测和预测。有助于农民及时采取防控措施，减少病虫害对农作物的影响，保障农业生产的稳定进行。

③市场波动风险应对：大数据技术还能够对市场供需数据进行深入分析，预测农产品价格的波动趋势。有助于农民和农业企业合理安排生产和销售计划，避免市场波动带来的风险。基于大数据的市场预测还可以为农业保险产品的设计提供数据支持，降低农民因市场波动而遭受的经济损失。

2. 大数据在农业可持续发展中的作用

①资源高效利用：大数据技术通过对农业生产过程中的各种数据进行收集和分析，可以帮助农民实现精准农业。通过精准施肥、精准灌溉等措施，减少农业

资源的浪费，提高资源利用效率。有助于降低农业生产对环境的压力，推动农业可持续发展。

②生态环境保护：大数据技术还可以对农业生态环境进行监测和评估，通过收集土壤、水质等环境数据，分析农业生产活动对生态环境的影响，为制定科学的生态环境保护措施提供依据。大数据技术还可以支持生态农业的发展，推动农业与生态环境的和谐共生。

③政策支持与决策优化：政府部门可以利用大数据技术收集和分析农业领域的海量数据，为制定科学的农业政策提供数据支持。通过数据分析，政府可以更加精准地了解农业发展的实际情况和需求，制定更加符合实际的政策措施；同时大数据技术还可以支持农业决策的优化，提高农业政策的针对性和有效性。

面向农业领域的大数据关键技术正逐步成为推动农业经济发展的重要力量，通过整合和分析海量的农业资源、生产、市场和环境数据，大数据技术为农民和农业管理者提供了精准的决策支持和优化建议，促进了农业资源的精细化管理与高效利用，提高了农业生产效益和市场竞争力。大数据技术还在农业风险管理和可持续发展中发挥着重要作用，为农业的稳健发展和长期繁荣提供了有力保障。随着大数据技术的不断发展和普及，其在农业领域的应用前景将更加广阔，为农业经济的持续发展和现代化转型注入新的活力。

二、大数据推动农业现代化的应用成效

大数据作为信息时代的重要产物，正深刻改变着各行各业的发展模式，农业也不例外。在农业现代化背景下，大数据技术以其强大的数据处理与分析能力，为农业生产管理、市场预测、资源配置等方面带来了革命性的变化。通过深入挖掘和应用大数据，农业实现了从经验决策向数据驱动的转变，有效提升了农业生产的效率和效益，促进了农业经济的可持续发展。

（一）精准农业的实践探索

精准农业，作为现代农业发展的新方向，正日益受到全球农业领域的广泛关注。它依托于先进的信息技术、生物技术和工程技术，实现了对农业生产全过程的精细化管理，极大地提高了农业生产的效率和效益。

精准农业的核心在于"精准"二字，它要求农业生产者在种植、灌溉、施肥、病虫害防治等各个环节都能做到精确无误。为了实现这一目标，现代农业技术，尤其是大数据、物联网、人工智能等先进的信息技术被广泛应用于农业生产中。

在种植环节，精准农业通过土壤检测、气象预测等技术手段，为农民提供科学的种植建议。例如利用卫星遥感技术和无人机进行农田监测，实时获取土壤湿度、养分含量、作物生长状况等信息，从而帮助农民精确调整种植结构和种植密度，提高土地的利用率和作物的产量。在灌溉和施肥环节，精准农业也实现了显著的进步。传统的灌溉和施肥方式往往存在水资源浪费和化肥过量使用的问题，而精准农业则通过智能灌溉系统和精准施肥技术，实现了对水资源和化肥的精确管理。利用土壤湿度传感器和气象数据，智能灌溉系统可以精确控制灌溉量和灌溉时间，避免水资源的浪费；而精准施肥技术则可以根据作物的养分需求和土壤的养分状况，为农民提供科学的施肥建议，减少化肥的过量使用，保护生态环境。

在病虫害防治环节，精准农业也发挥了重要作用。通过病虫害监测系统，农民可以实时获取病虫害的发生情况和发展趋势，从而及时采取防治措施，减少病虫害对作物的影响。同时精准农业还推动了生物防治和物理防治等环保型防治技术的发展，为农民提供了更多、更有效的病虫害防治手段。除了以上几个环节，精准农业还在农产品质量追溯、农业机械化、农业信息化等方面进行了深入的实践探索。例如通过农产品质量追溯系统，消费者可以了解农产品的生产全过程和质量信息，提高农产品的透明度和可信度；而农业机械化和农业信息化的发展，则进一步提高了农业生产的效率和效益，推动了农业现代化的进程。

（二）市场预测与定制化服务

在农业现代化的进程中，市场预测与定制化服务正逐渐成为推动农业经济发展的重要力量。随着信息技术的飞速发展和大数据的广泛应用，农业生产者可以更加精准地把握市场需求，为消费者提供个性化的农产品和服务，从而实现农业经济的可持续发展。

市场预测是农业生产者制定生产和销售策略的重要依据，传统的农业生产往往依赖于经验和直觉，难以准确判断市场趋势和消费者需求；然而在现代信息技术的支持下，农业生产者可以通过收集和分析历史销售数据、消费者行为数据以及市场趋势等信息，更加精准地预测未来市场的需求和变化。这种基于数据的市场预测方法不仅提高农业生产的针对性和有效性，还降低因市场波动而带来的风险。定制化服务是市场预测在农业生产中的具体应用，随着消费者对农产品品质、口感等个性化需求的不断增加，农业生产者需要根据市场需求调整生产策略，提供满足消费者个性化需求的产品和服务。例如某些农业企业利用大数据分析消费者购买偏好，为农户提供定制化种植建议，生产符合特定消费者群体的农产品。定制化服务提高了农产品的附加值和市场竞争力，还增强了消费者对农产品的信任度和满意度。

为了实现市场预测与定制化服务的有效结合，农业生产者需要构建完善的信息收集和分析体系。一是收集包括历史销售数据、消费者行为数据、市场趋势等多方面的信息，以全面了解市场需求和消费者偏好。二是利用先进的数据分析工具和方法，对这些信息进行深入挖掘和分析，以发现市场规律和潜在机会。三是将分析结果应用于实际生产过程中，调整生产策略和产品设计，以满足市场的个性化需求。市场预测与定制化服务的实践探索已经取得了显著的成效，许多农业企业通过应用这些方法，成功提高了农产品的市场占有率和品牌影响力。同时这些实践也促进了农业生产者与消费者之间的紧密联系和互动，推动了农业经济的可持续发展。

（三）农业风险管理与决策支持

1. 农业风险管理的重要性

农业生产受自然环境、市场波动、技术进步等多种因素影响，具有显著的不确定性和风险性。有效的风险管理能够帮助农业生产者识别潜在风险，制定应对措施，减少损失，提高生产效益；同时风险管理也是实现农业现代化、提升农业竞争力的关键途径。

2. 农业主要风险类型

①自然风险：包括气候变化（如干旱、洪涝、极端天气等）、病虫害等，这些自然因素对农作物的生长和产量构成直接威胁。

②市场风险：农产品价格波动大，受市场供求关系、国际贸易政策等多种因素影响，给农业生产者带来收益不确定性。

③技术风险：农业技术的更新换代速度快，若不能及时跟进，会导致生产效率低下、成本增加；过度依赖某些特定技术或设备也会带来生产受限或成本增加的风险。

④政策风险：政府农业政策的调整可能对农业生产和经营产生重大影响，如补贴政策、土地政策、环保政策等的变化都会带来不确定性。

3. 农业风险管理策略

①加强风险评估与监测：利用现代信息技术手段，如卫星遥感、物联网等，对农业生产环境进行实时监测，及时发现潜在风险。同时建立风险评估模型，对各类风险进行量化分析，为决策提供依据。

②多元化投资策略：通过投资不同类型的农业项目或企业，降低单一项目或企业的风险；同时合理配置高风险高收益和低风险低收益的项目或企业，实现风险与收益的平衡。

③提高农业科技含量：积极引进先进的农业技术和设备，提高农业生产的科技含量和自动化水平。通过科技创新降低生产成本，提高生产效率和质量稳定性。

④完善农业保险体系：推广农业保险，为农业生产者提供风险保障。通过购买农业保险，将部分风险转移给保险公司，减轻因自然灾害等不可抗力因素造成的损失。

⑤加强国际合作与交流：通过国际组织和科研机构之间的合作与交流，共享数据和经验，加强农业风险管理的研究和应用。同时推动跨国合作和技术引进，提升我国农业风险管理的整体水平。

4. 决策支持系统的构建

为了提供更加科学和精准的决策支持，需要构建完善的农业决策支持系统。该系统包括以下几个部分。

①数据采集与整合：收集各类农业数据，包括历史产量、种植面积、单位产量、生产成本、市场价格等，并进行整合处理。

②数据分析与挖掘：利用现代数据挖掘技术和统计分析方法，对农业数据进行深度挖掘和分析，发现潜在规律和关联关系。

③模型构建与预测：基于数据分析结果，构建风险评估模型、市场预测模型等，为农业生产提供科学的预测和决策支持。

④用户界面与交互：开发用户友好的系统界面，方便农业生产者进行数据输入、结果查看和决策制定；同时提供实时反馈和交互式指导功能，提高决策效率和准确性。

（四）农业供应链优化与协同管理

1. 农业供应链的定义与特点

农业供应链是指从农资采购、农业生产、加工处理、流通销售到最终消费者的全过程，涉及多个环节和参与者，包括农民、合作社、加工企业、物流商、批发商、零售商等。农业供应链具有以下显著特点。

①多环节性：涉及生产、加工、流通、销售等多个环节，每个环节都对最终产品的质量和成本产生影响。

②季节性：农产品生产具有明显的季节性，导致供应链各环节的需求和供给波动较大。

③易腐性：农产品易腐烂、变质，对供应链中的储存、运输等环节提出了更高要求。

④信息不对称性：供应链各环节之间信息不对称，影响供应链的透明度和协同效率。

2. 农业供应链优化与协同管理的重要性

①提高效率和降低成本：通过优化供应链各环节的运作和加强协同管理，可以减少浪费、降低成本，提高整体运营效率。

②保障农产品质量与安全：加强供应链各环节的质量控制和追溯体系建设，确保农产品从生产到消费的全程安全。

③增强市场竞争力：通过提高供应链的响应速度和灵活性，更好地满足市场需求，增强企业的市场竞争力。

④推动可持续发展：将可持续发展的理念融入供应链管理，关注环保、社会责任等方面，促进农业供应链的绿色化和可持续发展。

3. 农业供应链优化与协同管理的策略

①加强信息化建设：利用大数据、物联网、云计算等现代信息技术手段，实现供应链信息的实时共享和可视化，提高供应链的透明度和协同效率。

②物联网技术：在农业生产中部署传感器，收集环境数据；在农产品包装上贴附射频识别标签，实现农产品追踪和追溯。

③智慧农业经营管理系统：构建农业生产信息管理系统、农产品质量安全管理系统等，实现农业生产过程的精细化管理。

④优化物流网络：建立完善的农产品物流网络，发展冷链物流，确保农产品的质量和安全；同时引入先进的物流技术和设备，提高物流效率和降低物流成本。

⑤推动标准化和规范化：建立统一的农产品质量标准和供应链操作规范，提高供应链各环节之间的兼容性和协同效率。

⑥加强供应链协同管理：建立高效的供应链协同机制，促进供应链各环节之间的信息共享和交流，实现资源的优化配置和共享。例如通过协同计划、预测和补货（CPFR）等机制，提升供应链的响应速度和灵活性。

⑦引入供应链金融服务：为农业供应链提供稳定、低成本的资金支持，缓解农业生产经营中面临的资金短缺问题。通过金融科技手段提高供应链金融服务的效率和便利性，降低供应链成员的资金成本。

4. 未来趋势

随着数字化和智能化技术的不断发展，农业供应链的优化与协同管理将呈现以下趋势。

①智能化水平提升：利用人工智能、机器学习等技术手段提高供应链的智能化水平，实现精准预测、智能决策和自动化操作。

②可持续发展成为焦点：环保和社会责任将成为农业供应链管理的重要考量因素，推动绿色供应链建设。

③供应链一体化加速：通过兼并收购、战略合作等方式实现供应链上下游企业的整合，形成一体化经营模式，提高整体竞争力。

④数据驱动决策成为常态：利用大数据分析技术深入挖掘供应链数据价值，为决策提供科学依据和支持。

综上所述，大数据技术在推动农业现代化进程中发挥了重要作用，其应用成效显著。通过精准农业的实践探索、市场预测与定制化服务的提供、农业风险管理与决策支持以及农业供应链的优化与协同管理等方面的应用，大数据技术有效提升了农业生产的效率和效益，促进了农业经济的可持续发展。随着大数据技术的不断发展和创新应用，其在农业现代化中的潜力将进一步释放，为农业经济的转型升级和高质量发展注入更强动力。

三、农业大数据与现代农业经济管理

随着信息技术的飞速发展，大数据已成为推动各行各业转型升级的重要力量。在农业领域，农业大数据的应用正逐步改变着传统的农业生产和管理模式，为现代农业经济管理提供了新的思路和方法。

（一）农业大数据的概念与特点

1. 农业大数据的概念

农业大数据，作为大数据理念、技术和方法在农业领域的深入应用，是指通过对农田生态系统、作物生长环境、农业生产过程等多维度、多层次数据的广泛收集、系统整理与深入分析，从而生成有价值的农业信息和决策依据的一种技术与方法。这一概念涵盖了从耕地准备、播种、施肥、病虫害防治到收割、存储、加工、销售等农业生产全链条的数据处理与分析，是跨行业、跨专业、跨业务的数据整合与挖掘过程。

2. 农业大数据的重要特点

①数据资源丰富，规模巨大：农业生产涉及广泛的数据源，包括土壤质量、气象条件、作物生长状况、病虫害发生情况、市场供求信息等，这些数据规模庞大，通常以亿计。随着物联网、遥感技术等在农业中的广泛应用，农业数据的产生速度和处理需求呈现爆炸式增长。

②数据类型多样，结构复杂：农业大数据不仅包括传统的结构化数据（如数

值型、表格型数据），还包含大量的非结构化数据（如文本、图片、视频、音频等）。这些数据来源广泛，格式多样，处理难度较高，需要采用先进的数据处理和分析技术。

③价值密度低，挖掘难度大：虽然农业大数据规模巨大，但其中真正有价值的信息往往隐藏在海量数据中，价值密度相对较低。因此如何高效、准确地挖掘出有价值的信息，成为农业大数据应用的关键挑战。

④处理速度快，实时性要求高：农业生产受自然环境影响大，对数据的实时性要求极高。农业大数据平台需要能够快速采集、处理和分析数据，为农业生产者提供及时、准确的管理建议和市场预测信息。

⑤精确度高，决策科学：通过对农业大数据的深入挖掘和分析，实现对农业生产过程的精准监控和管理，提高农业生产的科学性和精准性；同时基于大数据的决策支持系统能够为政府、企业和农户提供更加科学、合理的决策依据。

⑥跨领域融合，综合性强：农业大数据不仅涉及农业生产本身的数据，还涉及市场、经济、政策等多个领域的数据。这些数据之间的融合与交叉分析，有助于形成对农业发展的全面、深入认识，为农业经济的可持续发展提供有力支撑。

⑦地域性、季节性特征显著：农业大数据具有显著的地域性和季节性特征，不同地区、不同季节的农业生产条件和市场环境差异较大，因此农业大数据的应用需要结合当地实际情况进行定制化开发和优化。

（二）农业大数据在现代农业经济管理中的应用

1. 精准农业管理

①精准种植与施肥：农业大数据通过收集土壤湿度、养分含量、气候条件等实时数据，结合作物生长模型，为农民提供精准的种植和施肥建议。不仅能够减少化肥和农药的过量使用，降低生产成本，还能提高作物产量和品质，减少环境污染。例如通过无人机搭载的多光谱相机获取作物生长状态图像，结合地面气象站和土壤传感器数据，可以精确计算作物所需养分和水分，实现精准灌溉和施肥。

②病虫害预测与防控：利用农业大数据中的病虫害历史发生数据、气象数据、作物生长数据等，可以构建病虫害预测模型，提前预警病虫害的发生，为农

民提供及时有效的防控措施。不仅可以减少病虫害对作物的损害，还能降低农药使用量，保护生态环境。

2. 市场预测与定制化生产

①市场需求预测：通过对市场供需数据、消费者行为数据、价格趋势数据等农业大数据的深入分析，可以预测未来农产品的市场需求变化。有助于农民和企业根据市场需求调整种植结构和生产计划，避免盲目生产导致的供过于求或供不应求现象。

②定制化生产：基于市场预测结果，农民和企业可以开展定制化生产，根据消费者的个性化需求生产特定品种、规格的农产品。不仅可以提高农产品的附加值和市场竞争力，还能满足消费者多样化的需求。

3. 农业资源优化配置

①水资源管理：农业大数据可以帮助农民和企业精准监测农田灌溉情况，优化水资源配置。通过收集降雨量、蒸发量、土壤湿度等数据，结合作物需水量模型，可以制定科学合理的灌溉计划，减少水资源浪费。

②土地资源管理：利用农业大数据中的土地质量、土壤类型、作物适应性等数据，可以对土地资源进行合理规划和利用。有助于提高土地利用效率，促进农业可持续发展。

4. 农业风险管理与决策支持

①风险预警与应对：农业大数据可以实时监测农业生产过程中的各种风险因素，如自然灾害、病虫害等，提前预警并制定相应的应对措施。有助于降低农业生产风险，保障农民和企业的利益。

②决策支持系统：基于农业大数据的决策支持系统可以为政府、企业和农民提供科学、合理的决策依据。通过对历史数据、实时数据和预测数据的综合分析，评估不同决策方案的效果和风险，为决策者提供最优选择。

5. 推动农业创新发展

①智能农业装备研发：农业大数据的应用促进了智能农业装备的研发和推广，例如基于大数据的智能农机可以根据作物生长情况和土壤条件自动调整作业

参数，提高作业效率和精准度。

②农业信息化服务平台建设：农业大数据平台的建设为农民和企业提供了便捷的信息获取和交流渠道，通过平台，农民可以及时了解市场动态、政策信息和技术指导；企业可以发布产品信息、寻找合作伙伴和拓展市场渠道。

（三）农业大数据促进农业经济发展的路径

1. 提升农业生产效率

①精准农业管理：农业大数据通过收集土壤、气候、作物生长等实时数据，为农民提供精准的种植、施肥、灌溉等管理建议。有助于减少资源浪费，提高农业生产效率，增加单位面积产量和农产品品质。

②病虫害智能防控：利用大数据构建病虫害预测模型，提前预警病虫害的发生，为农民提供及时有效的防控措施。不仅可以减少农药使用量，降低生产成本，还能提高农作物的健康水平，保障农产品安全。

2. 优化资源配置

①水资源管理：农业大数据可以帮助农民精准监测农田灌溉情况，优化水资源配置。通过实时监测降雨量、蒸发量、土壤湿度等数据，制定科学合理的灌溉计划，减少水资源浪费，提高水资源利用效率。

②土地资源规划：利用大数据中的土地质量、土壤类型、作物适应性等数据，对土地资源进行合理规划和利用。有助于实现土地资源的优化配置，提高土地利用效率，促进农业可持续发展。

3. 拓展市场渠道

①市场需求预测：通过对市场供需数据、消费者行为数据、价格趋势数据等农业大数据的深入分析，预测未来农产品的市场需求变化。农民和企业根据市场需求调整种植结构和生产计划，避免盲目生产，同时拓展新的市场渠道。

②电子商务与网络营销：农业大数据与电子商务的结合，为农产品销售提供了新的平台。农民和企业可以通过电商平台直接面向消费者销售农产品，减少中间环节，提高销售效率和利润。同时利用大数据进行精准营销和差异化定价，可以更好地满足消费者需求，提升市场竞争力。

4. 推动创新升级

①智能农业装备研发：农业大数据的应用促进了智能农业装备的研发和推广，基于大数据的智能农机、无人机、农田机器人等设备，可以根据作物生长情况和土壤条件自动调整作业参数，提高作业效率和精准度。不仅减轻了农民的劳动强度，还推动了农业生产的智能化升级。

②农业大数据平台建设：政府和企业应加大投入，建设农业大数据平台，整合各类农业数据资源，为农民和企业提供便捷的信息获取和交流渠道。通过平台，发布农业政策、市场信息、技术指导等内容，促进农业知识的传播和共享。

5. 加强政策支持与人才培养

①政策支持：政府出台相关政策，鼓励和支持农业大数据的应用和发展。包括提供财政补贴、税收优惠、技术扶持等措施，降低农民和企业在应用农业大数据过程中的成本和风险。

②人才培养：农业大数据的应用需要专业的技术人才作为支撑，政府和企业加大对农业大数据人才的培养和引进力度，加强与高校和科研机构的合作，共同推动农业大数据技术的发展和应用。

农业大数据作为现代农业经济管理的重要工具，正在深刻改变着农业生产的面貌。通过精准农业管理、市场预测与定制化生产、农业资源优化配置以及农业风险管理与决策支持等应用，农业大数据为农业经济发展提供了新的动力和机遇。未来随着信息技术的不断进步和大数据应用的深入发展，农业大数据将在推动农业现代化、促进农业经济发展方面发挥更加重要的作用。因此政府、企业和科研机构应加大对农业大数据研发和应用的投入，培养专业的农业大数据人才，完善农业大数据基础设施建设，以充分发挥农业大数据在现代农业经济管理中的潜力，推动农业经济的持续健康发展。

第七章 "互联网+"时代背景下农业经济的创新发展

第一节 "互联网+"时代背景下农业服务体系的发展

一、农业标准化体系

随着互联网技术的飞速发展和普及，农业生产和管理方式正经历着前所未有的变革。"互联网+"时代的到来，不仅为农业经济的创新发展提供了强大的技术支持，也为农业服务体系的完善和优化开辟了新的路径。农业标准化体系作为提升农产品质量、保障食品安全、促进农业可持续发展的重要手段，在"互联网+"时代背景下更是焕发出了新的生机与活力。

（一）互联网+农业标准化：技术融合与创新

随着"互联网+"时代的到来，农业领域正经历着前所未有的变革。互联网技术与农业标准化的深度融合，为农业生产的精细化、智能化和高效化提供了强大的动力。这种技术融合与创新不仅改变了传统的农业生产方式，还推动了农业经济的创新发展。

互联网技术为农业标准化提供了新的技术手段，物联网、大数据、云计算等先进技术的应用，使得农业生产过程中的数据采集、分析和管理更加精准高效。通过智能传感器、无人机等设备，可以实时监测土壤湿度、光照强度、作物生长状况等关键指标，并将这些数据上传到云端进行分析和处理。不仅提高了农业生产的科学性和准确性，还为制定更加科学合理的农业生产标准提供了数据支持。

互联网+农业标准化的技术融合与创新还体现在农业生产管理的智能化上，

通过互联网技术，可以实现农业生产的远程监控和智能控制。农民可以通过手机、电脑等终端设备实时查看农田的生产情况，并根据数据进行精准的灌溉、施肥和病虫害防治。这种智能化的生产管理方式不仅提高了农业生产效率，还降低了生产成本，为农业经济的可持续发展奠定了坚实基础。互联网＋农业标准化的技术融合与创新还推动了农业服务体系的完善，通过互联网平台，政府、科研机构、企业和农户之间可以更加便捷地分享标准化生产技术、管理经验和市场信息。这不仅促进了农业标准化知识的普及和推广，还为农民提供了更加全面、及时的农业服务。同时，互联网平台还可以为农民提供在线培训、技术咨询等服务，帮助他们提高农业生产技能和标准化水平。

（二）互联网＋农业标准化：标准制定与推广

互联网＋为农业标准的制定提供了更加广泛和便捷的信息来源。传统的农业标准制定往往依赖于有限的实地调研和专家经验，而互联网＋时代则可以通过大数据、云计算等技术手段，收集和分析海量的农业生产、市场、消费者等信息，为标准的制定提供更加全面、准确的数据支持。同时互联网平台也使得标准的制定过程更加开放和透明，可以广泛征集社会各界的意见和建议，使标准更加符合实际需求和行业发展趋势。

互联网＋也为农业标准的推广提供了新的渠道和方式，通过互联网平台，可以更加高效地将农业标准传播到广大农民和农业生产者中，提高他们的标准化意识和应用水平。利用互联网的传播优势，还可以将农业标准的成功案例和效益进行展示和宣传，进一步激发农民参与农业标准化的积极性和主动性。通过互联网＋还可以实现农业标准的在线培训和指导，帮助农民更好地理解和掌握标准化生产技术和管理经验。在农业标准的推广过程中，还需要注重与农业产业化的结合。通过将农业标准与农业产业化相结合，推动农业生产的规模化、集约化和品牌化，提高农产品的市场竞争力和附加值。同时还可以通过农业产业化龙头企业的示范带动作用，将农业标准推广到更广泛的农业生产领域中。

在农业标准的制定与推广过程中，也需要注重标准的科学性和实用性。标准的制定应该充分考虑农业生产的实际情况和农民的利益诉求，确保标准的科学合理和可操作性。标准的推广也应该注重与农民的生产实践相结合，提供切实可行的技术指导和支持。为了进一步推动互联网＋农业标准化的发展，政府和社会各界还需要加大投入和支持力度。政府可以出台相关政策措施，鼓励和支持互联网企业和科研机构参与农业标准化体系的建设和推广工作。同时建立农业标准化示范区和示范基地，通过示范引领和辐射带动作用，推动农业标准化工作的深入开展。

（三）互联网＋农业标准化：监管与保障

1. 互联网＋农业标准化的监管

①实时监测与预警系统：利用物联网技术，可以实现对农业生产全过程的实时监测。通过在农田中部署传感器，收集土壤湿度、光照强度、温度等环境参数以及作物生长状况等信息，并上传至云端平台进行分析处理。这一系统能够及时发现异常情况并发出预警，为监管部门提供及时的干预依据，确保农业生产符合标准化要求。

②质量安全追溯体系：借助互联网和大数据技术，建立农产品质量安全追溯体系。通过对农产品生产、加工、运输、销售等各个环节进行标识和记录，形成完整的质量安全追溯链条。消费者通过扫描二维码等方式查询农产品的来源、生产过程和质量检测结果等信息，增强对农产品的信任度；同时监管部门也可以通过追溯体系快速定位问题源头，采取有效措施进行处理。

③智能监管平台：构建基于互联网的智能监管平台，整合各类监管资源，实现信息共享和协同监管。通过平台可以实时查看农业生产现场的监控视频、环境监测数据等信息，对农业生产进行远程指导和监督。同时平台还可以提供数据分析、风险评估等功能，为监管部门提供决策支持。

2. 互联网＋农业标准化的保障

①法律法规支持：加强农业标准化相关法律法规的制定和完善，明确农业标准化的法律地位和实施要求。通过法律法规的约束和保障，推动农业标准化的深入实施。同时加大对违法违规行为的打击力度，维护农业标准化体系的权威性和有效性。

②技术支撑体系：建立健全农业标准化技术支撑体系，包括标准制定、技术研发、人才培养等方面。加强与国际先进标准的对接和交流，提高我国农业标准

的国际化水平。加大对农业标准化技术研发的投入力度，推动技术创新和成果转化应用；加强农业标准化人才培养和引进工作，提高农业标准化从业人员的专业素质和技能水平。

③社会共治机制：推动形成政府主导、企业主体、社会参与的农业标准化共治机制。政府加强对农业标准化的引导和监管工作；企业积极履行主体责任，加强自律管理；社会各界积极参与农业标准化工作，共同推动农业标准化的深入实施和发展壮大。通过多方共同努力和协作配合，形成全社会关注和支持农业标准化的良好氛围和强大合力。

"互联网＋"时代背景下，农业标准化体系的发展迎来了前所未有的机遇与挑战。通过技术融合与创新、标准制定与推广以及监管与保障等方面的努力，可以推动农业标准化体系不断完善和优化，为农业经济的创新发展提供有力支撑。随着"互联网＋"技术的持续深入应用，农业标准化体系将在保障农产品质量安全、提升农业竞争力、促进农业可持续发展等方面发挥更加重要的作用。因此应充分利用"互联网＋"的优势条件，积极探索和实践农业标准化体系发展的新路径和新模式，为推动我国农业现代化建设做出积极贡献。

二、为农业生产提供农技专家指导

随着"互联网＋"时代的到来，农业服务体系正经历着前所未有的变革。在这一背景下，农技专家指导作为农业生产的重要环节，也迎来了新的发展机遇和挑战。通过互联网技术的应用，农技专家可以更加便捷、高效地为农业生产提供指导和支持，推动农业经济的创新发展。

（一）农技专家指导的传统模式与局限

传统的农技专家指导模式主要依赖于面对面的咨询、培训和现场指导。这种模式具有一定的针对性和实效性，因为农技专家可以直接与农业生产者交流，了解他们的具体需求和问题，并提供个性化的解决方案。然而随着农业生产规模的不断扩大和农业生产者数量的增加，传统模式的局限性也日益凸显。

一方面，由于地理位置、交通条件等因素的限制，农技专家难以覆盖到所有需要指导的农业生产区域。尤其是在一些偏远地区，由于交通不便和信息闭塞，农业生产者很难及时获得农技专家的指导和帮助，导致了一些地区农业生产技术的滞后和农业生产效率的低下。另一方面，传统的指导模式往往缺乏及时性和互动性，农业生产是一个动态的过程，随时可能出现各种问题和挑战。然而传统的农技专家指导模式往往无法及时响应农业生产者的需求，也无法提供实时的互动和支持。导致了一些农业生产者在遇到问题时无法及时得到解决，影响了他们的生产积极性和生产效率。

传统的农技专家指导模式还存在资源分配不均的问题，由于农技专家的数量有限，他们往往只能服务于一部分农业生产者，而无法满足所有农业生产者的需求。导致一些农业生产者无法获得足够的指导和支持，限制他们的生产潜力和发展空间。

（二）"互联网＋"时代农技专家指导的新模式

随着"互联网＋"时代的到来，农技专家指导的模式正经历着深刻的变革。互联网技术以其独特的优势，为农技专家与农业生产者之间搭建起了一座新的沟通桥梁，使得农技指导更加便捷、高效、广泛。

在"互联网＋"时代背景下，农技专家指导的新模式主要体现在以下几个方面：

1. 在线咨询服务

通过互联网平台，农技专家可以为农业生产者提供在线咨询服务。农业生产者在生产过程中遇到问题时，只需通过互联网平台提交问题，即可获得农技专家的及时解答。这种服务方式打破了时间和空间的限制，使得农技指导更加及时、有效。

2. 远程视频指导

利用视频通话技术，农技专家可以实现对农业生产现场的远程指导。通过视频画面，专家可以直观地了解生产情况，对农业生产者进行实时的操作指导。这种指导方式不仅提高了指导的准确性，还增强了指导的互动性，使得农业生产者能够更加深入地理解和掌握农业技术。

3. 智能化诊断系统

借助人工智能和大数据技术，可以开发出智能化的农业诊断系统。农业生产者只需输入相关参数或上传照片，系统即可给出初步的诊断结果和建议。这种智能化的诊断方式不仅提高了诊断的效率，还降低了对农技专家资源的依赖，使得更多的农业生产者能够获得及时的农技指导。

4.在线教育培训

互联网平台还可以为农业生产者提供在线教育培训服务，通过录制或直播的形式，农技专家可以传授最新的农业技术和管理经验，提高农业生产者的技能水平。这种在线教育培训方式不仅降低了培训的成本，还扩大了培训的覆盖面，使得更多的农业生产者能够接受到高质量的农支培训。

（三）"互联网＋"时代农技专家指导的实践案例

在实践中，"互联网＋"时代的农技专家指导已经取得了显著成效。以某省农业技术推广站为例，该站通过建立在线咨询服务平台，为全省的农业生产者提供了及时、有效的农技指导。据统计，该平台自上线以来，已经解答了上万条农业生产问题，受到了广大农民的热烈欢迎。此外该站还利用远程视频指导技术，对偏远地区的农业生产进行了有针对性的指导，有效提高了这些地区的农业生产水平。

（四）"互联网＋"时代农技专家指导的挑战与展望

尽管"互联网＋"时代的农技专家指导模式具有诸多优势，但在实践中也面临着一些挑战。例如互联网平台的建设和维护需要投入大量的人力、物力和财力；部分农业生产者由于文化水平和经济条件限制，难以充分利用互联网平台进行学习和交流；此外，如何保证在线指导的准确性和实效性也是一个亟待解决的问题。

综上所述，"互联网＋"时代为农技专家指导提供了新的发展机遇和挑战，通过在线咨询服务、远程视频指导、智能化诊断系统和在线教育培训等新模式的应用和推广，可以更加便捷、高效地为农业生产提供指导和支持。然而在实践中也应关注到互联网平台建设、农业生产者应用能力和在线指导准确性等挑战，并采取相应的措施加以应对。

第二节 "互联网+"时代背景下农业电子商务的发展

一、农业电子商务是经济发展新常态下的新业态

随着"互联网+"时代的全面到来，各行各业都在经历着前所未有的变革，农业也不例外。在这一背景下，农业电子商务作为一种新兴业态，正逐渐成为推动农业经济发展的重要力量。

（一）农业电子商务的兴起与背景

1. 兴起背景

①互联网技术的普及：互联网技术的飞速发展和普及是农业电子商务兴起的基础。随着宽带网络、移动互联网、物联网等技术的不断成熟和应用，互联网已经渗透到社会经济的各个角落，为农业电子商务的发展提供了坚实的技术支撑。农民可以通过智能手机、电脑等设备轻松接入互联网，获取市场信息，进行在线交易，极大地降低了信息获取和交易成本。

②农产品市场需求的多样化：随着人们生活水平的提高和消费观念的转变，消费者对农产品的需求日益多样化、个性化。传统的农产品销售模式难以满足消费者多样化的需求，而农业电子商务则可以通过电商平台将全国各地的优质农产品汇聚一堂，让消费者有更多的选择空间。同时电商平台还可以提供农产品的详细信息，如产地、生产日期、营养成分等，帮助消费者做出更加明智的购买决策。

③农业供给侧改革的需要：面对国内外农产品市场的激烈竞争，我国农业迫切需要进行供给侧改革，提高农产品的质量和效益。农业电子商务的发展为农业供给侧改革提供了新的思路和途径。通过电商平台，农业生产者可以更加准确地了解市场需求和消费者偏好，从而调整生产结构和产品结构，生产更多符合市场需求的高品质农产品。电商平台还可以为农业生产者提供智能化、个性化的技术指导和服务，帮助他们提高生产效率和产品质量。

2. 发展历程

农业电子商务的发展经历了从无到有、从小到大的历程。起初，一些先行的农民和农业企业开始尝试通过互联网销售农产品，但当时由于网络基础设施不完善、消费者认知度不高等原因，农业电子商务的发展速度相对较慢。然而随着国家对农业电子商务的重视和支持力度不断加大，以及互联网技术的不断进步和应用，农业电子商务开始进入快速发展阶段。

近年来，我国农业电子商务取得了显著成效。据统计，我国农村电商交易额持续快速增长，越来越多的农民通过电商平台销售农产品，实现了增收致富。同时电商平台还积极拓展服务领域，为农业生产者提供金融、物流、技术等多方面的支持和服务，进一步推动了农业电子商务的深入发展。

（二）农业电子商务对农业经济发展的推动作用

1. 拓宽农产品销售渠道，增加农民收入

农业电子商务打破了传统农产品销售的地域限制，使得农产品可以跨越地理障碍，直接面向全国乃至全球消费者。通过电商平台，农民可以直接与消费者建立联系，减少了中间环节，降低了交易成本，提高了销售效率。不仅极大地拓宽了农产品的销售渠道，还使得农民能够获得更高的销售价格，从而增加了农民收入。据相关数据显示，农村电商的发展显著提升了农产品的网络零售额，为农民带来了实实在在的经济效益。

2. 提升农产品品牌价值，增强市场竞争力

农业电子商务平台为农产品提供了丰富的展示和推广机会，通过精美的图片、详细的描述、客户评价等方式，农产品可以更加生动、直观地展现在消费者面前，提升了农产品的品牌形象和价值。同时电商平台还可以利用大数据分析等技术手段，精准定位目标消费群体，实施个性化营销策略，进一步增强农产品的市场竞争力。这些都有助于推动农产品从低附加值向高附加值转变，提升农业的整体经济效益。

3. 促进农业产业结构优化升级

农业电子商务的发展推动了农业产业结构的优化升级，一方面，电商平台通过实时发布市场需求信息，引导农业生产者根据市场需求调整种植结构和产量，避免了盲目生产和资源浪费。另一方面，电商平台还促进了农产品深加工和个性化定制服务的发展，推动了农业向多元化、高质量方向发展。这些都有助于提升农业的整体竞争力和可持续发展能力。

4. 推动农村创新创业，增加就业机会

农业电子商务的发展为农村创新创业提供了新的机遇和平台，许多农民通过电商平台开设网店、直播带货等方式创业致富，不仅实现了自身价值的提升，还带动了周边农民就业和增收。电商物流、客服、运营等相关职位的需求也大大增加，为农村地区提供了更多的就业机会。这些都有助于缓解农村就业压力，推动农村经济的全面发展。

5. 提升农业信息化水平，推动农业现代化进程

农业电子商务是农业信息化的重要组成部分，通过电商平台，农业生产者可以更加便捷地获取市场信息、技术指导和政策支持等资源，提升了农业生产的信息化水平。同时电商平台还推动了新一代信息技术在农业生产经营管理中的广泛应用，如物联网、大数据、人工智能等技术的应用，进一步提升了农业生产的智能化和精准化水平。这些都有助于推动农业现代化进程，提升农业的整体生产力和竞争力。

（三）农业电子商务面临的挑战与应对策略

1. 面临的挑战

（1）物流体系不健全

农业电子商务的发展高度依赖于高效的物流体系，然而当前农村地区的物流基础设施相对薄弱，配送成本高、效率低，难以满足农产品电商快速、安全、低成本配送的需求。特别是对于易腐、易损的农产品，冷链物流的缺失更是成为制约其电商发展的瓶颈。

（2）农产品标准化程度低

农产品种类繁多，品质参差不齐，缺乏统一的质量标准和分级体系。不仅增加了消费者选择的难度，也影响了农产品在电商平台上的销售和推广。标准化程度低还可能导致产品质量不稳定，损害消费者信任，进而影响电商平台的口碑和长期发展。

（3）农民电商意识与技能不足

尽管互联网和智能手机在农村地区的普及率不断提高，但农民的电商意识仍然相对薄弱，对电商平台的操作和推广技能掌握不足。限制了农产品电商的广泛参与和深入发展，也影响了农产品品牌建设和市场竞争力的提升。

（4）信息不对称与信任问题

农业电子商务平台上，农产品的生产信息、供应链信息等往往不够透明，导致消费者难以准确了解产品情况，产生信任问题。同时市场上存在的一些虚假宣传、以次充好等行为也进一步加剧了信任危机，影响了消费者的购买意愿和电商平台的健康发展。

2. 应对策略

（1）完善农村物流体系

政府应加大对农村物流基础设施的投资力度，支持建设冷链物流体系，提高农产品的配送效率和质量保障能力。鼓励物流企业向农村地区延伸服务网络，降低物流成本，为农产品电商提供有力支持。

（2）推进农产品标准化建设

建立健全农产品质量标准和分级体系，引导农业生产者按照标准进行生产和加工，提高农产品的品质和一致性。加强对农产品质量的监管和检测力度，确保电商平台上的农产品质量安全可靠。

（3）加强农民电商培训

通过举办培训班、网络课程等方式，加强对农民的电商意识和技能培训力度。培训内容涵盖电商平台操作、网络营销策略、客户服务技巧等方面，帮助农民掌握电商知识和技能，提高参与农产品电商的积极性和能力。

（4）加强信息透明化建设

建立健全农产品信息平台和信息追溯体系，实现农产品生产、加工、流通等环节的全程可追溯。加强对电商平台的监管力度，打击虚假宣传、以次充好等不法行为，维护消费者权益和电商平台的公信力。

（5）创新电商模式

鼓励电商平台和农业生产者创新电商模式，如社交电商、直播带货、社区团购等新型电商模式的应用和推广。这些模式能够更好地满足消费者的多样化需求和提高农产品的市场竞争力，为农产品电商的持续发展注入新的活力。

综上所述，农业电子商务是经济发展新常态下的新业态，对农业经济发展产生了积极的推动作用；然而也面临着一些挑战和问题。为了推动农业电子商务的持续发展，需要政府、企业和社会各方共同努力，完善物流体系、解决农产品标准化和质量安全问题、培养专业人才等。相信在各方的共同努力下，农业电子商务一定能够为农业经济发展注入新的活力，推动农业现代化的进程。

二、农业电子商务成为现代农业产业的重要内容

随着互联网技术的迅猛发展，"互联网+"已成为推动各行各业转型升级的重要力量。在农业领域，"互联网+"的融入不仅为传统农业带来了新的发展机遇，也催生了农业电子商务这一新兴业态。农业电子商务作为现代农业产业的重要组成部分，正逐步改变着农业的生产、销售和消费模式，对促进农业经济发展起着举足轻重的作用。

（一）农业电子商务的兴起与现代农业的转型

1. 农业电子商务的兴起背景

传统农业销售模式往往依赖于农贸市场、批发商和中间商，这一链条不仅增加了农产品的流通成本，还使得农民在利润分配中处于弱势地位。信息不对称问题严重，农民难以准确掌握市场需求信息，导致生产盲目性和资源浪费；电子商务的出现，为农业销售模式带来了革命性的变化。通过电商平台，农民可以直接与消费者建立联系，减少中间环节，降低成本，提高收益。电商平台还提供了丰富的市场信息，帮助农民更好地了解市场需求，调整生产结构，实现精准种植和销售。

2. 农业电子商务对现代农业的推动作用

①拓宽销售渠道，增加农民收入：农业电子商务打破了地域限制，使得农产品可以跨越地理障碍，面向全国乃至全球消费者。农民通过电商平台，可以直接将产品销往更广阔的市场，从而增加销售收入。据统计，许多地区的农民通过电商平台销售农产品，收入有了显著提升。

②提升农产品品牌价值：电商平台为农产品提供了展示和推广的舞台，通过精美的图片、详细的描述和真实的用户评价，农产品的品牌形象和价值得到了极大提升。这不仅增强消费者对农产品的信任度，也提高农产品的市场竞争力。

③促进农业产业结构调整：农业电子商务的发展推动了农业产业结构的优化升级，电商平台通过实时发布市场需求信息，引导农民根据市场需求调整种植结构和产量，避免盲目生产。同时电商平台还促进了农产品深加工和个性化定制服务的发展，推动了农业向多元化、高质量方向发展。

④推动农业信息化进程：农业电子商务的发展加速了农业信息化的进程，电商平台通过大数据、云计算等先进技术，对农产品的生产、加工、销售等环节进行全程监控和管理，提高了农业生产的智能化和精准化水平。电商平台还提供了丰富的农业信息资源，帮助农民更好地了解市场动态和技术进展。

3. 现代农业的转型方向

在农业电子商务的推动下，现代农业正朝着以下几个方向转型。

①智慧农业：利用物联网、人工智能等现代信息技术，实现农业生产的智能化和精准化。通过智能感知、智能分析、智能决策等手段，提高农业生产效率和产品质量。

②绿色农业：注重生态环境保护和可持续发展，推广绿色种植和有机农业。通过减少化肥农药使用、提高资源利用效率等措施，实现农业生产的绿色化和生态化。

③品牌农业：加强农产品品牌建设，提高农产品的知名度和美誉度。通过注册商标、申请地理标志保护等方式，打造具有地方特色的农产品品牌，提升农产品的附加值和市场竞争力。

④融合农业：推动农业与二三产业的融合发展，形成农业产业链和价值链的延伸和拓展。通过发展农产品加工业、乡村旅游等产业，实现农业的多功能性和

综合效益。

（二）农业电子商务在提升农产品品牌价值中的作用

1. 拓宽销售渠道，增强品牌曝光度

农业电子商务通过线上平台，打破了地域限制，使农产品能够迅速触达全国乃至全球的消费者。这种新兴的销售模式不仅拓宽了农产品的销售渠道，还为农产品品牌提供了更为广阔的展示舞台。在电商平台上，农产品可以以图文并茂、视频展示等多种形式进行呈现，从而吸引更多消费者的关注，增强品牌的曝光度。

2. 提升品牌形象，增强消费者信任

在电商平台上，农产品品牌可以通过精美的包装、详细的描述、真实的用户评价等元素，塑造出更加生动、直观的品牌形象。这些元素共同构成农产品品牌的线上"名片"，使消费者在购买前就能对品牌有一个全面、深入的了解。同时电商平台上的交易记录、用户评价等信息也为消费者提供了判断品牌质量的依据，从而增强了消费者对品牌的信任度。

3. 实现精准营销，提升品牌忠诚度

农业电子商务可以利用大数据、云计算等先进技术，对消费者的购买行为、偏好等进行深入分析，为农产品品牌提供个性化的营销和推广策略。通过精准营销，品牌可以更加准确地找到目标消费群体，提高营销效果。个性化的营销策略还能增强消费者的购物体验，从而提升他们对品牌的忠诚度和口碑传播。

4. 促进口碑传播，扩大品牌影响力

在电商平台上，消费者的购买行为往往伴随着评价、分享等社交行为，为农产品品牌的口碑传播提供了有利条件。当消费者对某个品牌的产品感到满意时，他们会在社交平台上进行分享和推荐，从而吸引更多潜在消费者的关注。这种口碑传播的方式不仅扩大了品牌的影响力，还降低了品牌的营销成本。

5. 推动品牌创新，提升市场竞争力

农业电子商务的发展还推动了农产品品牌的创新，在电商平台上，品牌需要不断推陈出新，以满足消费者日益多样化的需求。这种创新不仅体现在产品的种类、质量上，还体现在品牌的营销策略、服务体验等方面。通过不断创新，农产品品牌可以保持其市场竞争力，并在激烈的市场竞争中脱颖而出。

（三）农业电子商务促进农业产业结构的优化升级

1. 拓宽农产品销售渠道，促进农业多元化发展

农业电子商务通过互联网平台，将农产品销售市场拓展至全国乃至全球，打破了传统销售模式的地域限制。这种销售模式的转变，不仅为农民提供了更多的销售渠道和机会，还促进了农业产业的多元化发展。农民可以根据市场需求，调整种植结构和养殖规模，发展特色农业和高效农业，提高农产品的附加值和市场竞争力。

2. 推动农业产业链整合，提升农业综合效益

农业电子商务的发展促进了农业产业链的整合与优化，通过电商平台，农产品的生产、加工、包装、销售等环节得以紧密衔接，形成了更为高效、协同的产业链体系。这种整合不仅降低了交易成本，提高了流通效率，还促进了农业资源的优化配置和高效利用。电商平台还提供了农产品质量安全追溯、品牌认证等服务，保障了农产品的品质和信誉，提升了农业综合效益。

3. 促进农业技术创新与升级

农业电子商务的发展还推动了农业技术的创新与升级，电商平台通过大数据、云计算等现代信息技术手段，对农业生产过程进行智能化管理和精准化服务。农民可以根据平台提供的数据分析，科学决策种植结构和养殖规模，提高农业生产效率和产量。电商平台还促进了农业技术的传播与交流，推动了农业科技成果的转化与应用，为农业现代化发展提供了有力支撑。

4. 推动农村一二三产业融合发展

农业电子商务的发展还促进了农村一二三产业的融合发展，通过电商平台，农产品加工业、农村旅游业等产业得以与农业紧密结合，形成了多元化的农村产业结构。农民不仅可以通过电商平台销售农产品，还可以开展农产品加工、乡村旅游等业务，增加收入来源。这种融合发展的模式不仅提高了农村经济的整体效益，还促进了农村社会的全面发展。

5. 促进农业可持续发展

农业电子商务的发展还有助于推动农业的可持续发展，通过电商平台，农民可以更加便捷地获取市场信息和技术支持，提高农业生产的科学性和可持续性。电商平台还促进了农产品的绿色生产和有机认证，推动了农业向绿色、环保、可持续的方向发展。可持续发展的模式不仅有利于保护农村生态环境，还有助于提高农产品的品质和附加值，实现农业与环境的和谐共生。

综上所述，农业电子商务作为现代农业产业的重要内容，正逐步改变着农业的生产、销售和消费模式。它不仅为农产品提供了更广阔的销售市场和品牌价值提升的机会，还促进了农业产业结构的优化升级。未来随着"互联网+"时代的深入发展和技术的不断创新，农业电子商务将在推动农业经济发展中发挥更加重要的作用。因此应积极拥抱这一新兴业态，加强政策引导和支持，推动农业电子商务的健康发展，为现代农业的转型升级和持续发展注入新的活力。

三、农业电子商务为农业供给侧结构性改革提供动力

随着互联网技术的飞速发展，"互联网+"已成为推动各行各业创新发展的重要力量。在农业领域，"互联网+"与农业经济的深度融合，催生了农业电子商务这一新兴业态。农业电子商务不仅改变了传统农业的销售模式，更为农业供给侧结构性改革提供了新的动力。

（一）农业电子商务助力农业供给侧结构性改革

1. 拓宽销售渠道，促进农产品上行

传统农业销售模式往往受限于地域、信息不对称等因素，导致农产品销售不畅，农民收益难以保障。而农业电子商务通过互联网平台，打破了这些限制，将农产品直接推向全国乃至全球市场。农民可以通过电商平台发布产品信息，与

消费者建立直接联系，实现农产品的快速上行。这种直销模式不仅提高了销售效率，还减少了中间环节，降低了交易成本，确保了农民获得更高的收益。

2. 促进农业标准化生产，提升农产品品质

农业电子商务的发展对农产品的标准化生产提出了更高要求，为了满足线上销售的需求，农产品需要达到一定的质量标准，进行统一的包装和标识。这促使农民在生产过程中更加注重品质控制，采用科学的种植和养殖技术，提高农产品的品质和安全性。同时电商平台上的消费者评价和反馈机制，也为农民提供了改进产品质量的重要参考。通过不断的市场反馈和品质提升，农产品的品牌价值和市场竞争力得到了显著提升。

3. 推动农业产业结构优化升级

农业电子商务的发展促进了农业产业结构的优化升级，一方面，电商平台上的市场信息和消费者需求反馈，使农民能够更准确地把握市场动态，调整种植结构和养殖规模，发展符合市场需求的特色农业和高效农业。另一方面，农业电子商务还带动了农产品加工业、农村旅游业等相关产业的发展，形成了多元化的农业产业结构。产业结构的优化升级不仅提高了农业经济的整体效益，还促进了农村经济的全面发展。

4. 促进农村创新创业，激发经济活力

农业电子商务的发展为农村创新创业提供了广阔的空间，农民可以通过开设网店、直播带货等方式，将自己的农产品销往全国乃至全球。新型的创业模式不仅降低了创业门槛和风险，还激发了农民的创业热情和创新能力。同时农业电子商务还带动了农村物流、仓储、金融等相关服务产业的发展，为农村创新创业提供了更加完善的服务体系。这些创新创业活动的蓬勃开展，为农村经济的持续发展注入了新的动力。

5. 加强信息交流与共享，提升市场反应速度

农业电子商务平台作为信息交流的桥梁，加强了农民与消费者、生产者与市场之间的联系。农民可以通过平台了解市场需求和消费者偏好，及时调整生产计划和产品结构；消费者则可以通过平台获取农产品的详细信息和质量保证，增强

购买信心。这种信息交流与共享机制不仅提升了市场反应速度，还促进了供需双方的精准对接和有效匹配。

（二）农业电子商务面临的挑战与应对策略

1. 农业电子商务面临的挑战

①物流配送体系不完善：农村地区物流基础设施相对薄弱，配送成本高、效率低。农产品的易腐性、季节性等特点，对物流提出了更高要求。当前许多农村地区物流网络不健全，冷链物流发展滞后，难以满足农产品快速、安全送达消费者的需求。

②农产品标准化程度低：农产品种类繁多，品质参差不齐，缺乏统一的标准体系。导致在电商平台上，农产品的品质难以保证，消费者信任度低。同时标准化程度低也增加了物流、仓储等环节的难度和成本。

③人才短缺与技能不足：农业电子商务的发展需要既懂农业又懂电商的复合型人才，然而当前农村地区电商人才匮乏，许多农民缺乏电商运营和管理技能，难以有效利用电商平台拓展市场。

④信息不对称与信任缺失：由于农产品生产、加工、销售等环节的信息不透明，导致消费者与生产者之间存在信息不对称问题。增加了消费者的购买风险，降低了购买意愿；部分不良商家以次充好、虚假宣传等行为也损害了农业电商的信誉。

2. 应对策略

①加强农村物流体系建设：政府和企业加大投入，完善农村物流基础设施，特别是冷链物流体系。通过建设农产品物流中心、仓储基地等设施，提高物流效率和降低配送成本。同时鼓励物流企业拓展农村市场，提供定制化、专业化的物流服务。

②推进农产品标准化生产：制定和完善农产品标准体系，引导农民按照标准进行生产、加工和包装。通过标准化生产提高农产品的品质和安全性，增强消费者信任度。同时加强对农产品质量的监管和检测，确保上市农产品符合相关标准和规定。

③加强人才培养与引进：加大对农业电商人才的培养和引进力度，通过举办培训班、研讨会等活动，提高农民的电商运营和管理技能。同时鼓励高校和职业院校开设农业电商相关专业课程，培养更多适应市场需求的复合型人才。还可以吸引具有电商经验的青年人才返乡创业，带动当地农业电商的发展。

④建立健全信息交流与共享机制：建立农产品生产、加工、销售等环节的信息交流与共享机制。通过电商平台、社交媒体等渠道及时发布农产品信息和市场动态，提高信息透明度。同时加强对电商平台的监管和管理，打击虚假宣传、以次充好等不法行为，维护农业电商的良好信誉。

⑤创新电商模式与营销策略：鼓励农业电商企业创新电商模式和营销策略，通过直播带货、社群营销等新兴方式吸引消费者关注并提高购买意愿，结合当地特色资源和文化优势打造农产品品牌故事和文化内涵提升品牌价值和市场竞争力。

农业电子商务作为"互联网+"时代背景下农业经济的创新发展模式，为农业供给侧结构性改革提供了新的动力。它通过拓宽农产品销售渠道、促进农产品标准化与品牌建设以及优化农业产业结构等途径，推动了农业经济的转型升级和高质量发展。然而农业电子商务的发展也面临着物流配送体系不完善、农产品标准化程度低以及人才短缺与技术创新不足等挑战。为了应对这些挑战，政府和企业应加大投入和支持力度，推动农业电子商务的持续创新和健康发展。未来随着"互联网+"技术的不断发展和应用，农业电子商务将在推动农业供给侧结构性改革和农业经济发展中发挥更加重要的作用。

四、"互联网 +"时代背景下农业电子商务的工作实践

在"互联网+"时代背景下，农业电子商务作为农业现代化的重要组成部分，正逐步成为推动农业经济发展的新引擎。下面将深入探讨农业电子商务在实际工作中的应用实践，包括其发展模式、实施策略以及取得的成效，以期为农业电子商务的进一步发展提供有益的参考。

（一）农业电子商务的发展模式探索

1.B2B模式：供应链优化与规模化经营

B2B（Business-to-Business）模式在农业电子商务中占据重要地位，它主要连接农产品供应商与采购商，通过电子商务平台实现农产品的批量交易。这种模式有效缩短了供应链条，降低了交易成本，提高了交易效率。在B2B模式下，农产品供应商能够直接对接大型批发商、零售商或食品加工企业，实现农产品的规模化销售。同时采购商也能通过平台获取更丰富的产品信息，选择性价比更高的农产品，从而优化自身的采购策略。B2B平台还利用大数据分析技术，为供应商和采购商提供市场趋势预测、库存管理等增值服务，进一步促进供应链的优化与整合。

2.B2C模式：直连消费者与个性化服务

B2C（Business-to-Consumer）模式则是将农产品直接销售给终端消费者的重要途径，通过电商平台，农产品企业可以建立自己的品牌旗舰店，展示和销售各类农产品。这种模式不仅让消费者能够方便快捷地购买到新鲜、优质的农产品，还为企业提供了与消费者直接沟通的机会，便于收集市场反馈，优化产品和服务。B2C平台还注重个性化服务的提供，如定制化包装、礼品配送等，以满足消费者多样化的需求。随着社交媒体的兴起，许多农产品企业还通过直播带货、社群营销等方式，进一步拉近与消费者的距离，提升品牌影响力和忠诚度。

3.C2C模式：激发个体活力与草根创新

C2C（Consumer-to-Consumer）模式在农业电子商务中同样扮演着重要角色，允许个体农户或小型农产品生产商在电商平台上开设网店，直接向消费者销售农产品。这种模式极大地降低了创业门槛，激发了农村地区的个体活力和草根创新。许多农民通过C2C平台，将自家的特色农产品销往全国各地，实现了增收致富。，C2C平台还促进了农产品的多样化发展，让消费者能够享受到更多元化的农产品选择；C2C模式还有助于传承和弘扬地方特色文化，提升农产品的文化附加值。

4.O2O模式：线上线下融合与体验升级

O2O（Online-to-Offline）模式则是将线上电商与线下实体店、体验店等相结合的一种创新模式。在农业电子商务领域，O2O模式通过线上引流、线下体验的方式，为消费者提供更加便捷、丰富的购物体验。例如一些农产品企业在线下开设体验店或展示中心，让消费者能够近距离了解农产品的种植过程、品质特点等；同时通过线上电商平台进行销售推广，实现线上线下的无缝对接。这种模式不仅提升了消费者的购物体验，还增强了品牌与消费者之间的互动性和粘性。

5. 社交电商与直播电商：新兴业态与流量变现

随着社交媒体的普及和直播技术的成熟，社交电商和直播电商成为农业电子商务领域的新兴业态。通过社交媒体平台或直播平台，农产品企业可以与消费者建立更加紧密的联系，通过直播带货、社群营销等方式实现流量变现。这种模式不仅提高了农产品的曝光度和销售量，还为企业带来了更多的品牌曝光和用户粘性。社交电商和直播电商还促进了农产品的口碑传播和品牌塑造，为农业电子商务的可持续发展注入了新的动力。

（二）农业电子商务的实施策略与实践

1. 实施策略

①政府引导与政策支持：政府在农业电子商务的实施中起着至关重要的作用，政府制定相关政策，为农业电子商务提供资金扶持、税收优惠等，以降低农民和企业的运营成本。还应加强农村网络基础设施建设，提高农村地区的网络覆盖率，为农业电子商务的发展提供有力保障。

②品牌建设与营销推广：品牌是农产品在市场上的核心竞争力，农产品企业需要注重品牌建设，通过提升产品品质、优化包装设计等方式，打造具有特色的农产品品牌。利用电商平台进行线上营销推广，如开展促销活动、打造爆款产品等，以吸引更多消费者的关注和购买。

③人才培养与技术创新：农业电子商务的发展需要专业人才的支持，政府和企业应加大对农业电子商务人才的培养力度，通过举办培训班、开展校企合作等方式，提高农民和电商从业人员的专业素养。同时鼓励技术创新，将最新的信息技术应用于农业电子商务领域，提高运营效率和用户体验。

2.实践措施

①建立电商平台与供应链体系：农产品企业需要建立自己的电商平台，或借助现有电商平台进行销售；构建完善的供应链体系，确保农产品的采购、加工、仓储、销售等环节的高效运作。通过电商平台与供应链体系的有机结合，实现农产品的线上线下融合销售。

②开展线上线下营销活动：为了吸引更多消费者关注和购买农产品，企业需要开展丰富多彩的线上线下营销活动。线上活动可以包括限时折扣、满减优惠、秒杀等促销方式；线下活动包括农产品展销会、品鉴会等，让消费者亲身体验农产品的品质与特色。

③强化物流配送与售后服务：物流配送是农业电子商务的重要环节，企业需要与专业的物流公司合作，确保农产品的快速、准确送达。同时提供完善的售后服务，如退换货政策、消费者投诉处理等，以提高消费者满意度和忠诚度。

④收集市场反馈与优化策略：在实施农业电子商务的过程中，企业需要不断收集市场反馈和消费者意见，及时调整和优化策略。通过数据分析工具，对销售数据、用户行为等进行深入分析，为企业决策提供有力支持。

在"互联网+"时代背景下，农业电子商务作为农业现代化的重要推手，正逐步改变着传统农业的销售模式和产业结构。通过探索不同的发展模式、实施有效的策略和实践措施，农业电子商务已经取得了显著的成效。未来随着技术的不断创新和应用领域的拓展，农业电子商务将继续为农业经济的发展注入新的活力，推动农业现代化进程不断向前发展。在实践中需要不断总结经验教训，优化发展策略和实施路径，以确保农业电子商务能够持续、健康、稳定地发展下去。

第三节 "互联网+"时代背景下农业营销模式的创新发展

一、农业品牌化

在"互联网+"时代背景下，农业经济的创新发展离不开农业营销模式的革新。其中农业品牌化作为提升农产品竞争力、推动农业经济发展的重要手段，正逐渐成为农业现代化的关键一环。

（一）农业品牌化的内涵与意义

农业品牌化是指通过整合农业资源，提升农产品品质，打造具有独特形象和市场竞争力的农产品品牌的过程。它不仅仅是给农产品贴上一个标签，更是涉及农产品的生产、加工、销售等各个环节的品质控制和文化内涵的挖掘。

农业品牌化的意义在于以下几个方面。

①提升农产品附加值：品牌化的农产品往往具有更高的市场认可度和消费者忠诚度，从而能够获得更高的售价和市场份额，提升农产品的附加值。

②增强市场竞争力：在激烈的市场竞争中，品牌化的农产品能够凭借独特的品牌形象和品质保证脱颖而出，赢得消费者的青睐。

③推动农业产业化发展：农业品牌化要求农产品的生产、加工、销售等各个环节都达到一定的标准，这有助于推动农业产业化的发展，提升农业的整体效益。

（二）农业品牌化的实践路径

①品质提升：品质是品牌的基础，实现农业品牌化，要从提升农产品的品质入手。包括选用优良品种、采用先进的种植或养殖技术、实施严格的品质控制等。

②文化挖掘：农产品不仅仅是物质的产品，更是文化的载体。在农业品牌化的过程中，要注重挖掘农产品的文化内涵，如地域特色、历史传承、民俗风情等，将其融入品牌形象中，提升品牌的独特性和吸引力。

③营销推广：在"互联网+"时代背景下，营销推广对于农业品牌化的成功至关重要。要充分利用互联网、移动媒体等新媒体平台，进行品牌宣传和推广；同时也要注重线下渠道的拓展，如参加农产品展销会、开设品牌专卖店等。

④法律保护：品牌是一种无形资产，需要得到法律的保护。在农业品牌化的过程中，要注重品牌的注册、维护和保护，防止品牌被侵权或盗用。

农业品牌化是"互联网+"时代背景下农业营销模式创新发展的重要方向，通过提升农产品品质、挖掘文化内涵、加强营销推广和法律保护等措施，可以打造出具有独特形象和市场竞争力的农产品品牌，从而提升农产品的附加值和市场竞争力，推动农业经济的持续健康发展。在实践中，需要不断探索和创新农业品牌化的路径和方法，以适应不断变化的市场需求和消费者需求。同时政府和企业也应加大对农业品牌化的支持力度，共同推动农业品牌化的进程，为农业经济的转型升级和可持续发展注入新的活力。

二、重塑休闲农业

在"互联网+"时代背景下，农业经济的创新发展不仅体现在生产技术的革新上，更体现在农业营销模式的转变上。休闲农业作为农业与旅游业相结合的一种新型农业形态，正逐渐成为农业经济发展的新亮点。然而传统的休闲农业营销模式已难以满足当前市场的需求，因此重塑休闲农业营销模式，推动其创新发展，对于促进农业经济发展具有重要意义。

（一）休闲农业的现状与挑战

休闲农业是一种以农业为基础，结合旅游、观光、休闲、度假等多种功能的农业形态。近年来，随着人们生活水平的提高和休闲旅游需求的增加，休闲农业得到了快速发展。然而传统的休闲农业营销模式存在诸多问题，如营销手段单一、市场定位不准确、品牌形象不突出等，这些问题制约了休闲农业的进一步发展。

在"互联网+"时代背景下，休闲农业面临着新的机遇和挑战。一方面，互联网技术的广泛应用为休闲农业提供了更多的营销渠道和宣传平台；另一方面，消费者对休闲农业的品质和服务提出了更高的要求，市场竞争也日趋激烈。因此重塑休闲农业营销模式，提升其市场竞争力，已成为休闲农业发展的必然趋势。

（二）重塑休闲农业营销模式的策略

1. 精准定位，打造特色品牌

休闲农业要想在市场中脱颖而出，必须精准定位，打造具有特色的品牌形象。包括挖掘休闲农业的独特资源，如田园风光、民俗文化、特色农产品等，将其融入品牌形象中，形成独特的品牌魅力；同时注重品牌的宣传和推广，提高品牌的知名度和美誉度。

2. 创新营销手段，拓展市场渠道

在"互联网＋"时代背景下，休闲农业应积极创新营销手段，拓展市场渠道。可以利用互联网平台进行在线宣传和销售，如建立官方网站、开设微博、微信公众号等，通过发布休闲农业的最新动态、优惠活动等信息，吸引消费者的关注。同时也可以与旅游平台、电商平台等合作，拓宽销售渠道，提高休闲农业的市场占有率。

3. 提升服务质量，增强客户体验

服务质量是休闲农业的核心竞争力之一，要想在市场中立足，必须注重提升服务质量，增强客户体验。包括提供优质的农产品、舒适的住宿环境、丰富的娱乐活动等，让消费者在休闲农业中享受到愉悦的体验；同时也要注重与消费者的互动和沟通，及时了解他们的需求和反馈，不断优化服务内容和质量。

4. 整合资源，推动产业融合发展

休闲农业的发展离不开相关产业的支持，因此积极整合资源，推动产业融合发展。与旅游业、文化产业、体育产业等相结合，共同开发休闲农业的旅游资源，打造具有特色的旅游线路和产品。同时也可以与科研机构、高校等合作，引进先进的农业技术和管理理念，提升休闲农业的科技含量和附加值。

（三）重塑休闲农业营销模式的实践案例

以某地的"田园综合体"为例，该综合体以休闲农业为核心，结合了旅游、观光、度假等多种功能。在营销模式上，该综合体注重精准定位，打造特色品牌，通过挖掘当地的田园风光、民俗文化等独特资源，形成了具有特色的品牌形象。同时该综合体也积极创新营销手段，拓展市场渠道，利用互联网平台进行在线宣传和销售，并与旅游平台、电商平台等合作，拓宽了销售渠道。在服务质量方面，该综合体注重提升服务质量，增强客户体验，提供了优质的农产品、舒适的住宿环境、丰富的娱乐活动等，让消费者在休闲农业中享受到了愉悦的体验。通过这些措施的实施，"田园综合体"成为当地休闲农业的佼佼者，也为其他休闲农业的发展提供了有益的借鉴。

在"互联网+"时代背景下，重塑休闲农业营销模式对于促进农业经济发展具有重要意义。通过精准定位、打造特色品牌、创新营销手段、提升服务质量、整合资源等措施的实施，推动休闲农业的创新发展，提升其市场竞争力。同时政府和企业也应加大对休闲农业的支持力度，共同推动休闲农业的繁荣发展，为农业经济的转型升级和可持续发展注入新的活力。在实践中，需要不断探索和创新休闲农业营销模式的路径和方法，以适应不断变化的市场需求和消费者需求。

三、"互联网+"背景下农产品销售对策

在"互联网+"时代背景下，农产品销售面临着前所未有的机遇与挑战。随着信息技术的迅猛发展和互联网的广泛普及，农产品销售不再局限于传统的线下模式，而是逐渐向线上拓展，形成了线上线下融合的新格局。然而如何在"互联网+"背景下有效提升农产品销售量，成为当前农业经济发展的重要课题。探讨"互联网+"背景下农产品销售的对策，以期为促进农业经济发展提供有益参考。

（一）利用电商平台，拓宽销售渠道

在"互联网+"时代背景下，电商平台已成为农产品销售的重要渠道。通过电商平台，农产品可以突破地域限制，销往全国各地，甚至走向世界。因此利用电商平台拓宽销售渠道，对于提升农产品销售量、促进农业经济发展具有重要意义。

电商平台具有用户基数大、流量高、交易便捷等优势，主流电商平台如天猫、京东、拼多多等，拥有庞大的用户群体和成熟的交易体系，为农产品销售提供了广阔的市场空间。农产品生产企业、合作社和农户可以入驻这些平台，开设网店，将农产品直接展示给消费者，实现线上销售。这不仅降低了传统线下销售的成本，还提高了销售效率和市场覆盖率。

在入驻电商平台的过程中，农产品生产者需要注重网店的运营和管理。一是要完善网店信息，包括农产品介绍、价格、产地、生产日期等，确保消费者能够全面了解产品信息。二是要优化网店设计，提升用户体验，如设置清晰的分类、便捷的搜索功能等，方便消费者快速找到所需产品；还可以利用电商平台的营销工具，如优惠券、满减、秒杀等，开展促销活动，吸引消费者购买。

除了入驻主流电商平台外，有条件的农产品生产企业还可以自建电商平台。自建电商平台可以更好地展示企业品牌形象和产品特色，实现农产品的定制化销售。在自建电商平台的过程中，企业需要注重平台的研发和推广。一方面要投入足够的资金和技术力量，打造功能完善、操作便捷的电商平台；另一方面，要通过各种渠道进行宣传推广，提高平台的知名度和用户粘性。

在利用电商平台进行农产品销售的过程中，还需要注重物流配送体系的建设。由于农产品具有易腐易烂的特点，对物流配送的要求较高。因此农产品生产者需要与主流物流公司合作，建立完善的物流网络，确保农产品能够快速、准确地送达消费者手中。还可以采用冷链物流技术，确保农产品在运输过程中的新鲜度和品质。利用电商平台进行农产品销售还需要注重售后服务的质量，良好的售后服务可以增强消费者对品牌的信任度和忠诚度，提高复购率。农产品生产者需要建立完善的售后服务体系，及时处理消费者的投诉和问题，提供便捷的退换货服务。

（二）强化品牌建设，提升农产品竞争力

在"互联网＋"时代背景下，农产品市场的竞争日益激烈。要想在众多农产品中脱颖而出，就必须注重品牌建设，提升农产品的竞争力。品牌建设不仅是农产品质量的体现，更是农产品文化内涵和消费者情感的传递。通过强化品牌建设，可以打造具有地域特色和市场竞争力的农产品品牌，提高农产品的知名度和美誉度，从而增加消费者的购买意愿和忠诚度。

强化品牌建设，需要从农产品的品质入手。品质是品牌的基础，只有优质的农产品才能赢得消费者的信任和口碑。农产品生产者需要注重农产品的生产过程和质量控制，采用先进的生产技术和科学的管理方法，确保农产品的品质和安全性；同时注重农产品的包装和外观设计，使农产品在外观上更加吸引人，提升消费者的购买欲望。除了品质，品牌的文化内涵也是品牌建设的重要组成部分。农产品品牌应该具有独特的地域文化和故事背景，这些元素可以为品牌增添更多的情感价值和认同感。农产品生产者要深入挖掘农产品的文化内涵，将农产品的故事、传说、习俗等元素融入品牌建设中，打造具有文化特色的农产品品牌。

在品牌建设过程中，还需要注重品牌的宣传和推广。通过互联网媒体进行品牌宣传式，利用社交媒体、短视频平台等渠道，发布农产品品牌故事、生产过

程等内容，提高品牌的知名度和美誉度；同时与电商平台合作，开展品牌营销活动，吸引更多消费者的关注和购买。提升消费者体验是品牌建设的重要环节，消费者体验包括农产品的品质、口感、外观以及售后服务等多个方面。注重消费者反馈，及时改进产品和服务质量，提供优质的售后服务，增强消费者对品牌的信任度和忠诚度。强化品牌建设还需要注重品牌的保护和维护，农产品生产者通过注册商标、申请地理标志产品等方式，保护品牌的合法权益；同时还需要建立品牌管理制度，规范品牌的使用和管理，避免品牌的滥用和侵权行为。

（三）创新营销模式，拓展市场空间

在"互联网+"时代背景下，传统的农产品营销模式已难以满足市场的多元化需求。为了拓展市场空间，提升农产品的销售量，创新营销模式成为关键。通过探索新的营销方式和手段，可以更好地触达消费者，激发购买欲望，进而实现农产品的快速销售和市场扩张。

创新营销模式的核心在于与时俱进，紧跟互联网发展的步伐。网络营销作为一种新兴的营销方式，具有传播速度快、覆盖范围广、互动性强等特点。农产品生产者可以利用搜索引擎营销、社交媒体营销、内容营销等网络营销方式，提高农产品的曝光率和知名度。例如通过搜索引擎优化（SEO）提升农产品在搜索结果中的排名，利用社交媒体平台发布农产品的种植、采摘、加工等过程，吸引消费者的关注和兴趣。

直播带货是近年来兴起的一种新型营销方式，通过直播平台展示农产品的特点和优势，由网红、明星等带货达人进行实时推销，消费者可以直接在直播间下单购买。这种方式具有直观、互动、便捷等优势，能够迅速吸引大量消费者，实现农产品的快速销售。农产品生产者可以积极与直播平台合作，开展直播带货活动，提升农产品的销售量。社区团购是一种新兴的电商模式，通过社区团购平台将农产品直接销售给社区居民。这种方式能够减少中间环节，降低销售成本，同时满足社区居民对新鲜、健康农产品的需求。农产品生产者可以与社区团购平台合作，将农产品纳入社区团购范畴，实现农产品的批量销售。

在创新营销模式的过程中，注重市场调研和消费者分析。通过了解消费者的需求和偏好，制定有针对性的营销策略和方案。同时还需要关注市场动态和竞争对手的营销策略，及时调整和优化自身的营销方式和手段。创新营销模式还需

要注重品牌建设和营销推广的协同，品牌建设是提升农产品竞争力的关键，而营销推广则是将品牌和产品推向市场的重要手段。在品牌建设的基础上，制定有效的营销推广策略，通过线上线下相结合的方式，扩大农产品的市场影响力和知名度。

（四）加强物流体系建设，提高配送效率

加强物流体系建设，完善物流网络。农产品生产者应与主流物流公司合作，建立覆盖广泛、布局合理的物流网络，确保农产品能够顺畅地从产地运送到消费者所在地；同时注重物流节点的建设和管理，提高物流转运的效率和准确性。针对农产品的特性，采用先进的冷链物流技术。冷链物流能够确保农产品在运输过程中的新鲜度和品质，减少损耗和浪费。提高配送效率还需要优化配送流程和服务，农产品生产者应与物流公司紧密合作，对配送流程进行精细化管理，减少不必要的环节和延误；提供多种配送方式供消费者选择，如快递配送、自提点取货等，以满足消费者的不同需求。在配送过程中，注重与消费者的沟通和协调，确保配送的准确性和及时性。

为了进一步提升配送效率，农产品生产者还可以借助智能化的物流管理系统。通过引入物联网、大数据等先进技术，实现物流信息的实时更新和追踪，提高物流管理的透明度和效率。智能化的物流管理系统还能够对物流资源进行优化配置，降低物流成本，提升整体运营效益。在加强物流体系建设的过程中，农产品生产者还应注重与电商平台和消费者的协同。与电商平台紧密合作，实现订单信息的实时共享和处理，提高配送的准确性和速度；同时积极收集消费者的反馈和意见，不断改进和优化物流服务，提升消费者的购买体验和忠诚度。

在"互联网＋"时代背景下，农产品销售面临着新的机遇与挑战。通过利用电商平台拓宽销售渠道、强化品牌建设提升农产品竞争力、创新营销模式拓展市场空间以及加强物流体系建设提高配送效率等对策的实施，可以有效提升农产品销售量，促进农业经济的发展；同时政府和企业也应加大对农产品销售的支持力度，共同推动农产品销售的创新发展。在实践中，需要不断探索和创新农产品销售的路径和方法，以适应不断变化的市场需求和消费者需求。相信在"互联网＋"的助力下，农产品销售将迎来更加广阔的发展前景。

参考文献

[1]解静.农业产业转型与农村经济结构升级路径研究[M].北京：北京工业大学出版社，2020.

[2]江朦朦.农业补贴政策经济效应评估研究[M].重庆：重庆大学出版社，2020.

[3]李睿.中国古代农业生产与商业化经济研究[M].长春：吉林人民出版社，2020.

[4]许璇.农业经济学[M].北京：中国农业出版社，2020.

[5]刘雯.农业经济基础[M].北京：中国农业大学出版社，2020.

[6]曹慧娟.新时期农业经济与管理实务[M].沈阳：辽海出版社，2020.

[7]金璟.农业大数据与农业产业经济数量分析[M].成都：西南财经大学出版社，2020.

[8]叶亚丽."互联网+"农业改革实践创新[M].北京：现代出版社，2020.

[9]陈文在，吕继运.现代设施农业生产技术[M].西安：陕西科学技术出版社，2020.

[10]谭启英.互联网+时代背景下农业经济的创新发展[M].北京：中华工商联合出版社，2021.

[11]刘明娟.中国农业微观经济组织变迁与创新研究[M].芜湖：安徽师范大学出版社，2021.

[12]孔祥智，钟真，柯水发.农业经济管理导论[M].北京：中国人民大学出版社，2021.

[13]沈琼，夏林艳，马红春.农业农村经济学[M].郑州：郑州大学出版社，2021.

[14]贺贵柏.农业现代化的探索与实践[M].北京：中国农业科学技术出版社，2021.

[15]王春光.从农业现代化到农业农村现代化乡村振兴主体性研究[M].北京：社会科学文献出版社，2021.

[16]孔祥智.中国农业农村现代化[M].北京：中国人民大学出版社，2021.

[17]魏后凯，董伟俊.新发展阶段农业农村现代化研究[M].北京：社会科学文献出版社，2021.

[18]李长帅，张文强，易佳林.农业农村现代化建设[M].北京：中国农业科学技术出版社，2021.

[19]谭娟.现代农业与信息化技术[M].北京：中国农业出版社，2021.

[20]周培.现代农业理论与实践[M].上海：上海交通大学出版社，2021.

[21]李白玉.现代农业生态化发展模式研究[M].咸阳：西北农林科技大学出版社，2022.

[22]罗剑朝，赵晓锋.中国农业现代化进程[M].咸阳：西北农林科技大学出版社，2022.

[23]金文成，王莉，习银生.中国农业农村现代化理论与实践[M].北京：经济管理出版社，2022.

[24]吴永常，陈静.中国式农业农村现代化理论研究与评价实践[M].北京：中国农业科学技术出版社，2022.

[25]陆立才.现代农产品营销实务[M].苏州：苏州大学出版社，2022.

[26]刘振剑.现代生态经济与可持续发展研究[M].北京：中国原子能出版社，2022.

[27]朱静，刘要辰，肖颖.农业发展与现代化技术应用研究[M].长春：吉林科学技术出版社，2023.

[28]李钢.农业现代化的农垦改革之路[M].北京：中国社会科学出版社，2023.

[29]高博文.农业经济的发展与管理研究[M].长春：吉林出版集团股份有限公司，2023.

[30]祝坤艳，王莹，王震宇.数字化农业经济管理研究[M].长春：吉林人民出版社，2023.

[31]孟海红，王艳芹.农业经济管理理论与实践研究[M].长春：吉林人民出版社，2023.

[32]孙鹏程，黄琛杰，李娜.大数据时代下农业经济发展的探索[M].北京：中国商务出版社，2023.

[33]纪红梅，武瑜春，柳拥军.现代农业经济与管理实务[M].哈尔滨：哈尔滨出版社，2023.